253

Merve Verlag

Dirk Baecker/ Alexander Kluge
Vom Nutzen ungelöster Probleme

Merve Verlag Berlin

Postfach 150 927 10671 Berlin
Printed in Germany
Druck- und Bindearbeiten: Dressler, Berlin
Umschlagentwurf: Jochen Stankowski, Köln
ISBN 3-88396-186-8
www.merve.de

Inhalt

Vorbemerkung 6

Ein Teufel des präzisen Gedankens 7

Würden intelligente Roboter Menschen mögen? 15

Vom Nutzen ungelöster Probleme 33

Postheroisches Management 59

Besuch im Intelligenzpark 75

Organisation als fünfter Affe 99

Wie sich die Spreu vom Weizen trennt 111

Systeme sind die Wand, gegen die wir spielen 119

Was wissen die Bilder? 132

Vorbemerkung

Das Thema der Gespräche zwischen Dirk Baecker und Alexander Kluge ist die Frage, mit welchen theoretischen Mitteln man sich der Bewältigung eines alltäglichen Lebens nähern kann, das seine Fortsetzung aus der Summe kleineren und größeren Scheiterns gewinnt. Jede Intelligenz kompensiert einen Zusammenbruch. Ein Konzern, eine Ehe, eine Schlacht oder eine Wahrnehmung sind nur möglich, weil sie immer wieder von neuem versuchen, Probleme zu lösen, die nicht zu lösen sind. Eine alte Therapeutenweisheit fordert denn auch, die Probleme eher zu pflegen denn zu lösen, denn dann wisse man wenigstens, woran man sei. Diese Weisheit wird in diesen Gesprächen befolgt, um vom Konzernmanagement über die Ehe bis zur Schlacht und zur Wahrnehmung eines Bewusstseins Phänomene unter dem Gesichtspunkt ihrer unwahrscheinlichen und nur so erfolgreichen Reproduktion zu erkunden. Gedanken von Heinz von Foerster, Niklas Luhmann, George Spencer-Brown, Jean-Luc Godard und anderen werden aufgegriffen, um herauszufinden, mit welchen Theoriefiguren dieses Denken zu entwickeln ist.

Die Produktionsgesellschaft dctp hat die Sendungen in den vergangenen vier Jahren aufgenommen und gesendet. Wir danken Gudrun Grundmann für die sorgfältige Transkription der Sendungen in Texte. Wir haben die Texte minimal überarbeitet, um einige allzu mündliche Formulierungen dem Schriftdeutsch anzupassen. Wir widmen den Band der Erinnerung an Heidi Paris.

Ein Teufel des präzisen Gedankens

Kluge: Wenn Sie Niklas Luhmann beschreiben müssten, wo würden Sie anfangen, äußerlich oder innerlich?

Baecker: Ich würde äußerlich anfangen. Ich erinnere mich daran, dass ich ihn zum ersten Mal auf einem Podium in der Kölner Volkshochschule gesehen habe. Er wurde ja nicht in die Kölner Universität eingeladen, das mutete man sich dort nicht zu, aber er wurde in die Volkshochschule eingeladen und hielt dort um 1980 einen Vortrag über die Funktion der Religion. Ich erinnere mich, dass ich dachte, das müsse Luhmann sein, als ich jemanden sah, der dort nachdenklich in der Josef-Haubrich-Halle vor dem Vortrag auf und ab schritt, mit langen Haaren und nikotinvergilbten Fingern...

Er schreitet beim Reden?

... nein, nein, das war ja noch im Foyer, vor dem Vortrag ...

... er bereitet sich vor ...

... ich dachte, er bereitet sich vor, er denkt nach. Ich stellte mir einen Denker genau so vor, wie dieser Mann aussah. Ich ging dann in den Vortragssaal hinein und war irritiert, weil dieser Mann mit den langen Haaren, der Denkerstirn und den nikotinvergilbten Fingern drei Reihen hinter mir Platz nimmt, offensichtlich also nicht Luhmann ist. Stattdessen kommt fünf Minuten später ein kleiner beweglicher Mann auf das Podium, der überhaupt nicht nach einem Intellektuellen, nach einem Wissenschaftler meiner Vorstellung, aussah, sondern mir wie eine Kombination aus einem Ministerialbeamten, einem genialen Mathematiker und einem rätselhaftem Buddhisten erschien. Tatsächlich bin ich diese drei Assoziationen nie wieder losgeworden. Er hatte eine hohe und sehr freie Stirn, trug relativ dicke Brillengläser, aus denen er sein Gegenüber, wie ich später feststellte, ebenso beunruhigend wie ironisch anfunkeln konnte, und hatte den schmallippigsten Mund, den ich je gesehen habe. Ich erinnere mich an Momente, viel später, als ich bereits in Bielefeld bei ihm promovierte, in denen ich ihm etwas aus meiner Dissertation schilderte und dieser Mund blieb über Minuten schmallippig und ich mir nicht vorstellen konnte, mit welcher Bemerkung er wohl auf meine Schilderung reagieren würde. Ich hatte immer den Eindruck einer blitzscharfen Intelligenz, kombiniert mit einer großen Unergründlichkeit und einer extremen Verfahrensgenauigkeit. Von diesen drei Assoziationen der Verfahrensgenauigkeit eines Ministerialdirigent, der Undurchdringlichkeit und Undurchschaubarkeit eines Buddhisten und der Präzision und Intelligenz eines Mathematiker blieb mein Bild von ihm bis zum Schluss geprägt, obwohl es im Laufe der Zeit sein Humor war, der für mich immer wichtiger wurde.

Wie deutet man schmale Lippen konventionell? Als Rasierklinge, als …

… als die Kunst, an sich zu halten, als extreme Verhaltens- und Verbalreserve, als Ausdruck höchster Konzentration und als Ausdruck einer nach Belieben abrufbaren Rücksichtslosigkeit gegenüber Leuten, die vielleicht auf Rücksicht plädieren.

Würde man dem Teufel volle Lippen oder schmale Lippen zuschreiben?

Der Teufel hat sicherlich volle Lippen, das kann ich mir nicht anders vorstellen. Er hat etwas Lebensvolles, etwas Spaßiges, ist mit Fähigkeiten des Saugens und Spuckens ausgestattet, so stelle ich mir den Teufel vor. Der Schmallippige spuckt nicht und saugt auch nicht.

Agil sagen Sie, das heißt lebhaft, lebendig. Das trifft auf einen Mann zu, dem man bei seiner enormen Lust an Formulierungen auch sehr viel Sinnlichkeit und sehr viel Lebendigkeit zusprechen muss.

Ja, eine Sinnlichkeit, die sich auf den eigenen Intellekt bezog.

Niklas Luhmann — Foto: Uschi Dresing, Bielefeld

Die schmalen Lippen deuten also nicht unbedingt auf Zorn hin?

Je besser ich ihn kennenlernte, desto mehr dachte ich, dass der Eindruck dieser schmalen Lippen täuschte. Je nachdem, wie ihm eine Situation angeboten wurde, konnte Luhmann sehr humorvoll, sehr witzig, sehr sinnlich sein und man konnte dann erleben, dass er seine Vorlesungen zum Beispiel mit einem vollmundigen Spaß an sich selbst hielt. Seine Vorlesungen waren für ihn Genussmomente des Entfaltens von Witz, in einem durchaus humoristischen Sinne. Leider vergeblich habe ich zu seinem 60. Geburtstag Hans-Dieter Hüsch für eine Laudatio auf Luhmann zu gewinnen versucht, weil ich, Wolfgang Neuss vertrat eine andere Kategorie, nur zwischen Hüsch und Luhmann die Wahl zu haben glaubte, wenn ich mich fragte, wer der größte Humorist im Lande ist. Leider konnte Hüsch nicht kommen. Natürlich ist der niederrheinische Humor von Hüsch nicht dasselbe wie der niedersächsische, mit gewissen schweizer Eigenheiten ausgestattete Humor von Luhmann, aber beiden eignet eine etwas übermütige Trockenheit, der jede Betroffenheitsgeste fremd ist und die doch von denselben Themen handelt, die andere betroffen abhandeln.

Für einen kurzen Moment Ende der 1970er Jahre glaubte man, dass Habermas und Luhmann gemeinsam das Starnberger Max-Planck-Institut für Sozialwissenschaften leiten würden. Das wäre ja eine Elefantenhochzeit der Theorien gewesen, hätte man sich die wünschen solien?

Im Nachhinein sicherlich ja, in der Situation damals sicherlich nicht. Im Nachhinein ist es leicht zu sehen, dass beider Faszination für einen, wenn auch sehr unterschiedlichen Kommunikationsbegriff, im Zentrum sozialwissenschaftlicher Theoriebildung sich gewissermassen therapeutisch auf die bundesrepublikanische Situation bezog. Die aus dem Kommunikationsbegriff abgeleitete Vernunftemphase des einen und die mit dem Kommunikationsbegriff verbundene Komplexitätswahrnehmung des anderen, beide meines Erachtens sehr wohl auch als Strategien der Entnazifizierung zu verstehen, hätten eine Reihe wichtiger empirischer Arbeiten zu Politik und Wirtschaft, Kunst und Wissenschaft, Recht und Religion anregen können. In der Situation damals jedoch war der Streit zwischen ihnen, verbunden mit einem beachtlichen Unterschied der Temperamente, inklusive eines höflichen Austauschs gezielter Unhöflichkeiten, so heftig, dass es wohl kaum zu einer fruchtbaren Arbeitssituation gekommen wäre. Beide waren ja grundsätzlich außerordentlich höfliche Menschen, aber in ihren Schriften konnten sie doch auch sehr bissig werden. Hinzu kommt, dass damals wohl kein Mitarbeiter in der Lage gewesen wäre, sich aus der Polaritätsfalle zu befreien, mit der damals die Lebenswelttheorie und die Systemtheorie einander gegenübergestellt wurden. Mit anderen Worten, die beiden Theorien hätten damals wohl kaum gemeinsame empirische Fragestellungen motivieren können.

Glauben Sie, dass so etwas schöpferisch werden kann, wenn zwei Menschen so sehr zu Miissverständnissen neigen?

Bei hinreichender Distanz zwischen ihnen hätte ich daran keinen Zweifel. Habermas und Luhmann waren ein Musterbeispiel der Verbundenheit über interaktionsfreie Kommunikation. Das ist ein Typ von Kommunikation, den Georg Simmel zwischen Konkurrenten festgestellt hat, die etwa um dieselbe Frau werben, um denselben Markt, um dieselbe Wählerschicht oder eben um die beste sozialwissenschaftliche Theorie. Mit jedem Zug bezieht man sich auf den anderen, ohne doch je in direkte Interaktion zu treten. Ebenso lernfähig wie aggressiv bezieht man sich laufend aufeinander, ohne dass man dies bei Treffen, Telefonaten oder einem Briefwechsel merken würde. Habermas und Luhmann sind in ihren Ansprüchen an das eigene Schreiben relativ einsame Menschen, da es nur drei, vielleicht vier Menschen in diesem Lande gab oder gibt, die mit solchen Ansprüchen schreiben. Und das bedeutet, dass man sich nicht aus dem Auge lässt und sich ständig fragt, was der andere macht, mit welchen Informationen er arbeitet, auf welche Literatur er sich bezieht, welche Leute er um sich versammelt und von wem er wohin eingeladen wird. Im Vergleich mit dem anderen schätzt man den eigenen Marktwert ein, in einem durchaus nicht abwertenden Sinne, um die nächsten Theorieschritte zu planen.

Man hätte einen Impresario gebraucht, einen Intendanten im klassischen Sinn des 18. Jahrhunderts, der die beiden auseinanderhält und zueinanderhält.

Ja, so jemanden wie Max Horkheimer in seiner Rolle für die Integration der Frankfurter Schule. Oder so jemanden wie Helmut Schelsky, der diese Rolle in eher konservativen Zirkeln übernommen hat. Tatsächlich gab es jedoch einen solchen Impresario nicht, was sicherlich auch am damaligen politischen Lagerdenken unter den Intellektuellen lag. Es gab auch keine jungen Leute, die die beiden in die Situation hätten bringen können, sich aneinander zu reiben und trotzdem sinnvolle empirische Forschungsprojekte anzuregen. Luhmann jedenfalls hätte sich zeitweise sehr gewünscht, ein großes soziologisches Forschungsinstitut mit seinen empirischen Fragestellungen beschäftigen zu können. Für das Max-Planck-Institut für Gesellschaftsforschung in Köln war er zeitweise als Leiter im Gespräch. Dessen Leitung übernahm dann Renate Mayntz.

Warum ist menschliches Denken langsam?

Denken ist langsam, weil darin seine einzige Chance besteht. Denken heißt innezuhalten, zu zögern, nicht sofort zu reagieren, den Reflex zu unterbinden, dem Instinkt mißtrauisch zu begegnen und dann erst etwas zu tun. Was man dann tut, kann durchaus dem ersten Reflex, dem Instinkt entsprechen, dann jedoch mit dem Bewusstsein, einem Instinkt freien Lauf zu lassen.

Wie ein Gärtner – man lässt das Bewusstsein auf sich einwirken und reifen. Äußert sich das Denken wie bei einer Geburt?

Es ist kein Zufall, dass Denken und Nachdenken als Synonyme gelten, man sich in dieser Hinsicht beim Vordenken jedoch nicht so sicher ist. Große Unternehmer glauben manchmal, man könne vordenken, aber damit reagieren sie meist nur auf die Ergebnisse des Nachdenkens ihrer Strategen. Dass Denken in der Regel etwas mit Nachdenken zu tun hat, verweist darauf, dass dieses Moment des Verzögerns einer ersten Reaktion und Ermöglichens einer angereicherten, komplexeren Reaktion auf die Situation für es zentral ist.

Dann kann das Bewusstsein unter Umständen in einer bestimmten Situation eine Schrecksekunde haben. Das Denken hat jedoch keine Schrecksekunde.

Das Bewusstsein hat die Schrecksekunde und reagiert auch sofort, wobei der Schrecken ja schon die Reaktion ist. Das Denken lässt sich vielleicht von dem Erschrecktsein des Bewusstseins erschrecken, aber es tut dies dann auf eine Art und Weise, die den Schrecken relativiert und Kontexte mobilisiert. Das Denken weist dann etwa darauf hin, dass man ja im Kino sitzt und der Tiger nur auf der Leinwand auf einen zugesprungen kam.

Man sieht zu und während des Schreckens denkt man nichts. Das Denken braucht jedoch einen Moment der Sicherheit, der Abgrenzung vom Schrecken, kann man das so sagen? Es braucht einen Lusthalt, eine zugespitzte Lust, die im Schrecken nicht entsteht?

Ich würde eher sagen, dass das Denken die Erfahrung einer Unsicherheit, einer Ungewissheit, die das Bewusstsein macht, mit einer anderen Ungewissheit, nicht mit einer Sicherheit, kombiniert. Es hält sich nicht unbedingt fest, sondern es erinnert sich daran, wie es eine andere, möglicherweise ähnliche, vielfach auch täuschend ähnliche Situation schon einmal bewältigt hat.

Wir werden fasziniert, wenn ein Hoffnungsmoment, ein lustbetontes, libidinöses Moment interagiert, kann man das sagen? Das Bewusstsein in Form des Denkens wagt sich nur hervor, wenn es nicht in Gefahr kommt? Denken ist zwar Nachdenken, aber in der bloßen Verteidigung kann es sich nicht entfalten?

Das Denken ist immer auch in Gefahr. Das Denken hat gegenüber dem Bewusstsein den Vorteil, dass es einige, vielleicht sogar viele Gefahren schon überlebt hat und von daher Sicherheit im Umgang mit Unsicherheit, mit Gefahren oder mit Risiken hat. Das könnte das lustvolle Moment am Denken sein. Zwar glaubt jemand, mich erschrecken zu können, aber ich weiß schon, wie ich mit jemandem umgehe, der mit einem allzu festen Händedruck auf mich zukommt.

Die Theorie unzuverlässiger Systeme, was ist das?

Diese treffende Bezeichnung der Systemtheorie findet sich in Luhmanns kleinem Buch *Die neuzeitlichen Wissenschaften und die Phänomenologie* (Wien 1996). Das Buch geht auf einen Vortrag zurück, zu dem Luhmann 1995 zum 60. Jahrestag des Vortrags von Edmund Husserl über "Die Philosophie in der Krisis der europäischen Menschheit" im Wiener Kulturbund nach Wien eingeladen worden war. In diesem Buch beschreibt Luhmann auf sechzig Seiten die Bewegung seiner Theorie von Husserl bis zu den neuesten Entwicklungen der Systemtheorie. An prononcierter Stelle spricht er hier davon, dass ihn die Systemtheorie als Theorie unzuverlässiger Systeme interessiert. Das hat etwas mit Husserl zu tun, mit Husserls phänomenologischem Versuch, das ihm entgleitende Bewusstsein in eine Philosophie zu fassen. Das hat aber viel mehr noch mit dem Soziologen Luhmann zu tun, der die Systemkategorie für die Beschreibung des Phänomens braucht, dass zum Beispiel die Politik, obwohl sie jedem externen Beobachter denkbar durchschaubar zu sein scheint und jeder immer schon alles über die Politik weiß – Politiker wollen Macht, maximieren Wählerstimmen und befriedigen ihren Ehrgeiz, das kann man in der BILD-Zeitung jeden Tag nachlesen – , als System gleichwohl unberechenbar ist. Der Soziologe geht davon aus, es trotz dieses Eindrucks der Durchschaubarkeit, den jedes Tresengespräch bestätigt, mit einem System zu tun zu haben, in dem unberechenbar ist, was morgen passiert. Diese Unberechenbarkeit, diese Nichttrivialität des Systems trotz sichtbar festgelegter Strukturen übersetzt Luhmann in die Formel, das System sei unzuverlässig. Ich kann jemanden durchschaut haben und weiß *deswegen* nicht, was er als nächstes tut; denn ich muss damit rechnen, dass er damit rechnet, dass ich ihn durchschaut habe.

PrimeTime, RTL, 4. November 2002

Würden intelligente Roboter Menschen mögen?

Kluge: Eines der Kapitel in Ihrem Buch Wozu Systeme? *trägt den Titel "Was wollen die Roboter?" Sie beschreiben darin einerseits Sinne und andererseits Körper.*

Baecker: Ich versuche auf die neuere Diskussion über die Zukunft der Robotertechnologie, der Computertechnologie, der Verteilten Künstliche Intelligenz zu reagieren...

... robo sapiens.

Der robo sapiens als Nachfolger des homo sapiens, ja vielleicht. Ich versuche herauszufinden, ob und wie ein Systemtheoretiker auf diese Phänomene reagieren kann. Ein Systemtheoretiker kann ja, wenn er aus der Soziologie kommt wie ich, die technologische Seite des Problems nicht einschätzen, muss sich aber dennoch fragen, welche Rolle diese Roboter in einer faszinierten und alarmierten Öffentlichkeit spielen und welche Rolle ihnen als einer Zukunftstechnologie von Leuten wie Ray Kurzweil, Hans Moravec oder Rodney Brooks zugesprochen wird. Diese Roboter gibt es noch nicht, aber erfunden sind sie längst. Sie sind Gegenstand des öffentlichen Geredes.

Ray Kurzweil

Die Roboterforscher wenden sich an die Geldgeber ...

Sie wenden sich an die Öffentlichkeit, meinen jedoch die Geldgeber – in der Hoffnung, dass die Resonanz in der Öffentlichkeit sowohl den Roboterforschern Mut macht als auch die Geldgeber günstig stimmt. Es geht um immense Förderungssummen, die herbeibeschworen, herbeigeredet werden müssen, und es geht darum, einen Diskurszusammenhang, so hätte man früher gesagt, zu konstruieren, in dem es einer nationalen Forschungsgemeinschaft, die immer eine Forschungsförderungsgemeinschaft ist, nicht mehr möglich ist, Anträge auf Förderung von Robotertechnologie abzulehnen, weil niemand mehr in Frage stellt, dass diese Forschung wissenschaftlich, politisch, wirtschaftlich und erzieherisch gewollt ist.

Mich hat in diesem Zusammenhang eine kleine, vielleicht zufällige Passage in Ray Kurzweils Buch *The Age of Spiritual Machines* interessiert, in der er sich fragt, was die Roboter eigentlich wollen werden, wenn es sie denn einmal gibt. Ich greife in diesem Kapitel meines Buches die Frage auf, was die Roboter wollen, wenn sie einmal so weit sind, sich so untereinander und mit sich selbst zu vernetzen, dass man tatsächlich von "Intelligenz" sprechen kann. Kurzweils Antwort auf die Frage lautet: Die Roboter wollen Information. Sie wollen Wissen.

Sie sind Kannibalen der Information.

Ja, Kannibalen der Information, wenn man annimmt, dass die Roboter selbst auch nichts anderes sind als Information. Kurzweils Antwort bedeutet, dass die Roboter sich als künstliche Systeme nicht reproduzieren können, wenn sie nicht laufend Information produzieren. Intelligenz braucht Nachschub. Roboter müssen ihre neuronalen Systeme auf den verschiedenen Ebenen der Verarbeitung von Information laufend beschäftigen. Und wie beschäftigt man ein Robotergehirn? Nun, genauso wie ein menschliches Gehirn. Man gibt ihm Beispiele. Die Pointe daran ist, dass man sich ein Gehirn nicht mehr als eine Problemlösungsmaschine vorstellt, die in einen Ruhezustand fällt, sobald es keine Probleme zu lösen gibt. Das war in etwa die Vorstellung der frühen Phase der Künstlichen Intelligenz bei Leuten wie Herbert A. Simon. Sondern man stellt sich heute das Gehirn als ein unruhiges System vor, das sich laufend mit sich selbst beschäftigt und nur mit Beispielen, die für anderes stehen, in der Welt gehalten werden kann, in der es lebt. "Beispiel" heißt hierbei, dass jede Information einerseits Information über etwas in der Welt ist, andererseits jedoch das Gehirn oder das Bewusstsein dazu herausfordert, diese Information im Licht der bisher bearbeiteten Informationen zu deuten, zu werten

und sowohl die bisherigen Informationen als auch die Art und Weise der bisherigen Informationsverarbeitung laufend zu überprüfen und zu korrigieren.
Damit spitzt sich die Frage Kurzweils auf die Frage zu, wie man einem extrem schnellen und zunehmend komplexen Robotergehirn, das bei Laune gehalten werden muss, ständig neue Informationen, ständig neue Beispiele geben kann. – Ich vermute, dass sich hier eine neue "Kränkung" des Menschen (nach der kopernikanischen, der darwinschen, der freudschen...) anbahnt, die darin besteht, dass der Mensch für den Roboter nur sehr kurzfristig ein Beispiel sein wird, das ihn mit hinreichender Information zur Selbstreproduktion versorgen kann. Das menschliche Verhalten ist so redundant, so wiederholbar, dass wir die Roboter wahrscheinlich nur einen halben Tag lang interessieren werden. Es wird den Menschen gehen wie Israel in dem Witz von Ephraim Kishon: Frage: "Was hast du heute gemacht?" Antwort: "Ich habe Israel besichtigt." Rückfrage: "Und was hast du am Nachmittag gemacht?" Die Roboter werden sich bald mit neuen Beispielen versorgen müssen, weil sie uns zu schnell durchschaut haben werden und sie sich mit uns nur noch langweilen. Meine etwas zugespitzte Behauptung ist daher, dass wir uns heute weniger über die Roboter Sorgen machen sollten als vielmehr darüber, worüber sich die Roboter eines Tages Sorgen machen werden. Wohin werden sie sich auf der Suche nach immer neuer Information wenden? Mit welchen Beispielen werden sie sich mit ihrer hochgradig vernetzten Intelligenz, mit ihrer technologischen Gestaltungskraft, mit ihrer Fähigkeit, in die Welt einzugreifen, beschäftigen, wenn wir ihnen als Impulsgeber, als Beispielgeber nicht mehr reichen?

Im Massachussetts Institute for Technology werden in einem bestimmten Stockwerk Versuche gemacht, wie man Ele-

mente des menschlichen Verhaltens zunächst einmal proben und dann in einen Rechner einfügen kann. Wie gestaltet sich zum Beispiel das Verhältnis zwischen einer Mutter und einem Kind in den ersten drei bis fünf Tagen nach der Geburt? Wie wird ein Gesicht angelächelt? Wie reagiert man aufeinander? Wann wird man missmutig, wenn das sehr schnell bereits Gewohnte nicht in Erscheinung tritt? Intelligenz entsteht also in sozialen Verhältnissen, über die Lust, in Gesellschaft zu sein, letztlich über Kommunikation im Sinn von Rede und Gegenrede.

Man scheint sich darüber einig zu sein, dass das herrschende Paradigma der 1960er und 1970er Jahre, Intelligenz als Symbolverarbeitung zu sehen, als passendes Verwenden von Begriffen für wahrnehmbare Sachverhalte, gescheitert ist. Damit hat man Schachcomputer und auf begrenzte Aufgaben bezogene Expertensysteme bauen können, aber nicht viel mehr. Statt dessen geht man jetzt den Weg, die Intelligenz als sozial zu beschreiben und versteht Intelligenz als die Fähigkeit, sich wechselseitig in einer Situation dadurch zu orientieren, dass man sich daran orientiert, wie andere sich an ihr orientieren. Außerdem versteht man die Intelligenz als eine verkörperte, "embodied" Intelligenz im Sinne von Francisco J. Varela. Man gräbt die großen Schriften von Heidegger zur Existenz, von Merleau-Ponty zur Wahrnehmung und Körperlichkeit, von Gadamer zur Historizität des menschlichen Denkens wieder aus und stellt fest, dass Intelligenz ohne den Selbstbezug eines Gehirns auf einen Körper, in dem es sitzt, ohne mit ihm identisch zu sein, und über diesen Körper auf eine Welt, in der es sich vorfindet, offensichtlich nicht möglich ist. Intelligenz scheint darauf angewiesen zu sein, schon beim Selbstbezug auf etwas anderes als auf sich selbst zu stoßen, um ausgehend von dieser ersten Differenzerfahrung, dieser ersten Unruhe, diesem ersten Unterschied zwischen mir und allem anderen, der interessanterweise nie darüber Auskunft gibt, wer ich bin oder was dieses Ich ist, die Welt erkunden zu können. Ohne diesen Unterschied zwischen mir, meinem Körper und der Welt wäre es mir nicht möglich, eine wache und selbstkritische Intelligenz auszubilden, zum Beispiel eine Intelligenz, die ein Gehirn dazu befähigt, sich in einem Körper zu beheimaten, der in der Lage ist, eine Treppe hinauf- und hinabsteigen zu können.

Francisco J. Varela

Das also lernen diese Roboter als erste Abgrenzung: Ich und das Andere?

Sie müssen lernen, dass sie fallen können, sonst kommen sie keine Treppe herunter. Und sie können nur lernen, dass sie fallen, wenn sie etwas über ihre Körperlichkeit wissen…

Über das Feld …

… wenn dieses eine Kategorie der Informationsverarbeitung ist.

Da gibt es winzige Computer, Roboter, die dazu da sind, die Fäkalienröhren in Großstädten, die so eng sind, dass Menschen sie nicht betreten können, zu reinigen. Das tun sie in geselliger Form, in Rudeln. Hier tritt ein taktiles Element auf, ein Fingerspitzengefühl, das sie leitet und das diesen Hunger nach Information zu befriedigen scheint.

Dieser Hunger nach Information ist erforderlich, weil das Rudel in der Lage sein muss, das Rudel selbst nicht gleich mit zu entsorgen. Die Fäkalien müssen entsorgt werden, das Rohr muss von Hindernissen befreit werden, aber man darf nicht das eigene Rudel entsorgen oder sich selbst als eines der Hindernisse empfinden. Wir Menschen haben das ja gleichsam umgekehrt gelernt. Wir sind mittlerweile in der Lage, ich denke jetzt an die Hochschullehre, uns selbst, die Hochschullehrer, in bestimmten Situationen als Hindernis möglicher Lern- und Lehreffekte wahrzunehmen. Wir entfernen deswegen den Professor aus den Seminaren. Roboter dürfen das noch nicht. Aber auch sie müssen mindestens in der Lage sein – "Lage" vielleicht im Sinne der Orientierung in einem "Feld" –, sich und den anderen in einer Situation wahrzunehmen und die Situation von denen in der Situation zu unterscheiden.

Wenn sie das können, können sie doch eigentlich denken, oder? Die Bedingung "ich denke, also bin ich" würde das erfüllen.

Sumus ergo cogito, wir sind, also denke ich, ja, das würde ausreichen.

Oder auch: Protego ergo sum, *ich vermag den anderen zu schützen, also bin ich. Ich erkenne den anderen als mich, wäre das ebenfalls Denken?*

Mir scheint es wichtig, vom Ich zum Wir zu kommen und das Ich aus dem Unterschied zum Wir zu bestimmen. Cogito ergo sumus oder auch cogitamus ergo sum oder eben am liebsten: sumus ergo cogito. Alle diese Sätze sollten in der Kombination miteinander und in Abhängigkeit voneinander gesehen werden, um die Abhängigkeit der Ichfunktion von der Existenz von anderen, die ebenfalls über eine Ichfunktion verfügen, in den Grundbegriff des Denkens, der Intelligenz, mitaufzunehmen.

In Bezug auf die künstliche Intelligenz beziehungsweise Roboter sind es zwei Elemente, die Verwunderung auslösen. Die eine Frage ist, ob künstliche Intelligenz zu Leben werden kann, das heißt ab wann man einen Roboter als lebendig bezeichnen würde. Und die zweite Frage ist, wann man sie als intelligent bezeichnen würde? Was sind das für Zuschreibungen? Was zum Beispiel ist das Lebendige?

Das sind schwierige Fragen.

Es gibt einen Ausdruck dafür. Es gibt einen Wirbel in den Materien, der die Materien so durcheinander schleudert, dass ein Umsatz entsteht. Leben kann das, was es für seine Weiterexistenz braucht, aus der Materie herausschlagen und wieder ausspucken, das sei Leben.

Damit könnte ich leben. Auch unter soziologischen Gesichtspunkten würde ich auf Selbstreplikationsfähigkeit abstellen und dabei das Wort "Selbst" unterstreichen. Biologen sprechen davon, dass das Leben eine Einmalerfindung ist. Das ist ein faszinierender Ausdruck. Ich denke dabei an die Frage, die Gregory Bateson in seinem Buch *Mind and Nature: A Necessary Unity* einmal gestellt hat, die Heinz von Foerster so sehr beeindruckt hat und auf die es keine oder nur eine Antwort des Typs geben kann, wie Sie sie gerade gegeben haben: "Welches Muster verbindet den Krebs mit dem Hummer und die Orchidee mit der Primel und all diese vier mit mir? Und mich mit Ihnen? Und uns alle sechs mit den Amöben in einer Richtung und dem eingeschüchterten Schizophrenen in einer anderen?" Der Hummer, die Primel, der Schizophrene und ich sind Ausprägungen der einen Einmalerfindung, Ausprägungen verschiedener und heterogener

Humberto R. Maturana

Formen der Reproduktion von Leben, deren Grundmuster die Reproduktion der Zellen eines Organismus ist, ihre Entstehung, Teilung, Vernetzung, Auflösung und Neuentstehung. Das ist Leben. Aber was ist Denken? Ist Denken die Selbstbeschreibung des Lebens? Also eine práxis im Sinne von Aristoteles, etwas, was man um seiner selbst willen unternimmt, oder doch eher eine poiésis, also etwas, was immer wieder bestimmte Werke hervorbringt? Das Leben ist die poiésis des Lebens. Aber ist auch das Denken eine poiésis des Denkens, eine hochgradig unruhige Selbstreplikationsfähigkeit, die nicht ruht, bis ein Luhmann darüber nachdenkt, was Maturana dazu gebracht haben könnte, das Leben als Autopoiesis zu beschreiben und damit auf eine aristotelische Unterscheidung anzuspielen, die ihren Sinn eher darin zu haben scheint, Fragen zu stellen denn Antworten zu geben oder ein für allemal gültige Kategorien aufzustellen?

Aristoteles weilt in Form der Buchstaben, die er geschrieben und hat drucken lassen, noch heute lebendig unter uns.

Luhmann macht Aristoteles wieder lebendig und hält sich selbst dadurch lebendig, dass er an diesem "Gespräch der Geister durch die Jahrhunderte", wie er sich einmal ausgedrückt hat, teilnimmt. Aber das erspart mir nicht die Aufgabe, ausgehend von dem einen Grundgedanken der Autopoiesis die Form der mentalen Reproduktion des Denkens von der Form der zellulären Reproduktion des Lebens zu unterscheiden.

So könnten Sie als Soziologe, der an Beschreibungen interessiert ist, der Aussage zustimmen, dass das Wasser, aus dem wir zu einem wesentlichen Teil bestehen, im Grunde nicht H_2O ist, sondern ein sehr altes Wasser? Wir haben es mit einer sehr kleinen Zellenkombination zu tun, unmerklich übertragen, aber doch sehr alt, älter als das Wasser unter der libyschen Wüste.

Vielleicht kann man dieses Wasser als die Nachbarschaft beschreiben, in der wir leben, als immer dieselbe Nachbarschaft. Wir reagieren sehr sensibel, wenn sich in dieser Nachbarschaft etwas ändert, wenn wir Kontaminationen, Vergiftungen wahrnehmen und dem Wasser nicht mehr trauen, aus dem wir bestehen.

Zwischen dem Wasser, das im Blut enthalten ist, und dem Wasser, das außerhalb der Haut, im Schwimmbad zum Beispiel, fließt, besteht ein Zeitunterschied. Das macht Leben aus.

Das Leben ist ein Zeitunterschied, eine Kontaktaufnahme, eine Kontaktverweigerung ...

Das Leben ist tendenziell 4,2 Milliarden Jahre alt. Das Raubtier von gestern kann der Friedensstifter von heute sein.

Mein vierjähriger Sohn kommt von der Faszination für Dinosaurier nicht los, obwohl es viele andere Themen und spannende Aufnahmen von anderen Tieren gibt, mit denen er sich genauso beschäftigen könnte. Er will wissen, was ein Dinosaurier ist, er lernt ihre Namen, er will in ihre Museen und er will wissen, wann haben sie gelebt, warum sind sie gestorben, wer war das, wie war das?

Diese Vorstellung, dieses Träumen gehört zum Leben so wie die Haut und die Füße, wie die Fußsohlen ... – Und jetzt die Intelligenz!

Die Intelligenz stellt fest, dass die Dinosaurier tot sind. Die Intelligenz stellt fest, dass die Faszination des Vierjährigen für die Dinosaurier ein merkwürdiger Umstand ist, über den man sich, wie wir es gerade tun, unterhalten kann. Wir produzieren eine Einsicht in unsere eigene Bedingung, stellen fest, dass wir eine nur sehr partielle Einsicht haben, dass wir in einem Meer von Nichtwissen schwimmen ...

Könnten wir auch denken, wenn wir von früherem Denken nichts wüssten?

Wir können nur denken, indem wir vom früherem Denken erst einmal nichts wissen und dann irgendwann feststellen, dass wir nur weiterdenken könnten, indem wir Momente des früheren Denkens aufgreifen. Hat Platon deswegen das Denken als Erinnerung, als Anamnese beschrieben? Jedenfalls stellen wir fest, dass die Ausarbeitung und damit Fortsetzung unseres Denkens mit immer größeren Schleifen in andere Zeiten, Vergangenheiten wie Zukünfte, andere Regionen, ferne und nahe, und andere Gesellschaften, fremde und vertraute, einhergeht.

Aber wir stammen nicht von einem Denken ab?

Das Denken ist zu langsam. Abstammungsfragen werden typischerweise eher im Kontext des Bewusstseins und des Unterbewussten erörtert als im Kontext des Denkens. Das Bewusstsein ist schneller. Es hat die Dinge bereits wahrgenommen, wenn das Denken noch mit ganz anderem beschäftigt ist. Es sichert in dieser Form eine Kontinuität, von der das Denken nichts weiß. Es kittet unmerklich Brüche in unserer Wirklichkeitswahrnehmung, die das Denken zur Verzweiflung brächten. Luhmann schreibt in seinem Buch über *Organisation und Entscheidung*, dass wir noch viel zu wenig über die Rolle des wahrnehmungsfähigen Bewusstseins in unseren sozial und technisch, aber auch psychisch komplexen Organisationen wissen. Was passiert mit dem menschlichen Bewusstsein auf dem trading floor eines Finanzdienstleisters? Und wie abhängig ist das Geschäft, sind die Entscheidungen, die dort laufend getroffen werden müssen, von einer ganz bestimmten Verfasstheit dieses Bewusstseins? Wie können körperlich verfasste und gebundene Menschen mit Kommunikation unter der Bedingung umgehen, dass sie vor einem Bildschirm mit Dutzenden von flirrenden Zahlen sitzen, auf ihrem Schreibtisch zwei bis drei Telefone klingeln, die Stimmen ihrer Kollegen im Ohr haben, die routiniert oder beunruhigt, erregt oder gelassen ihrem Geschäft nachgehen, an ihren Vorgesetzten denken, der ihnen im Nacken sitzt, und gleichzeitig Hunger haben, unter einer Kreislaufschwäche leiden und ihre Ängste nur mühsam beherrschen können. Luhmann würde sagen, dass diese Menschen nicht trotz, sondern wegen dieser Umgebung arbeitsfähig sind. Kein trader könnte auf einem trading floor handeln, wenn keine Kollegen da wären. Es würde ihm die wesentliche Information fehlen, dass sein Markt ein Markt von vielen ist, auf dem andere gleichzeitig ihre Geschäfte machen. Wenn man sich das genauer anschaut, bekommt man den Eindruck, dass die Unruhe des Bildschirms durch die Unruhe der Kollegen balanciert wird. Man konzentriert sich nicht auf den Bildschirm und fordert Ruhe, das wäre gar nicht möglich. Wir sind keine Input/Output-Maschinen, die auf Daten auf dem Bildschirm mit Kauf- und Verkaufsentscheidungen reagieren. Sondern wir schauen hin, schauen weg, nehmen einige Daten höchst selektiv war, übersehen andere, sind irritiert, blenden unsere eigenen Irritationen aus und sind wegen dieses selektiven Umgangs mit Unruhe darauf angewiesen, uns gleichzeitig mit anderem, zum Beispiel mit den unruhigen Kollegen zu beschäftigen. Die eine Unruhe absorbiert die andere und schafft so die Gelassenheit oder besser coolness, mit der man seine Entscheidungen getroffen hat. Erst Jahre später merkt man, welch intensive Arbeit man investieren musste, um in diesem Sinne gelassen zu sein – und kann sich vom einen Tag auf den anderen nicht mehr vorstellen, der Situation je gewachsen gewesen zu sein.

Das erklärt, warum die Wahrnehmung es erlaubt, in Notsituationen, zum Beispiel bei einem Luftangriff, in äußersten Gefahrenmomenten, abzuschalten, ganz ruhig zu bleiben. – Es gibt ja eine Kommunikation zwischen den Sinnen. Das Fingerspitzengefühl oder mein Kälte- und Wärmegefühl sagt mir vielleicht etwas anderes als das, was meine Augen, mein Ohr, meine Nase mir sagt. Wenn Sie diese Interaktion einmal studieren, würden Sie sagen, dass das Auge denkt?

Wenn ich mich nur auf Merleau-Pontys Philosophie der Wahrnehmung berufe, würde ich sagen, dass das Gehirn offensichtlich verschiedene Formen entwickelt hat, die Frage, in welcher Situation sich der Körper befindet, mit den Eindrücken verschiedener Sinnesorgane abzugleichen. Es vergleicht Informationen, die es dem Geschmackssinn zurechnet, mit Informationen, die es dem Auge zurechnet. Und es geht immer nur um Zurechnungen, die das Gehirn vornimmt, nicht etwa um eine Wirklichkeit, die es mit dem Auge aufnimmt, und eine andere Wirklichkeit, die es mit dem Geschmackssinn aufnimmt. Selbst das Wort "Wirklichkeit" macht nur Sinn, wenn ich es als Verweis auf ein Verfahren der Informationserrechnung – die Kognitionswissenschaftler sprechen von "Kognition" – begreife, in dem bestimmte selbst fabrizierte, aber auf die Umwelt zugerechnete Unterschiede andere Unterschiede "bewirken" und das Gehirn so dazu veranlassen, etwas als "wirklich", weil "wirkend", "bewirkt" und "erwirkend", zu begreifen.

Die Neurophysiologie und mit ihr die Kognitionswissenschaften gehen nicht mehr davon aus, dass ein Auge das Gehirn darüber informiert, was da draußen passiert. Von dieser Idee hatte der Johannes Peter Müller in seinem *Handbuch der Physiologie des Menschen* schon in den dreißiger Jahren des 19. Jahrhunderts Abschied genommen. Er formulierte das "Gesetz der spezifischen Energie sinnlicher Substanzen", nach dem die Sinneseindrücke in ihrer Qualität als optisch, akustisch, taktil, olfaktorisch und so weiter und in ihrem Unterschied nicht von der Welt, sondern vom Gehirn produziert werden. Ich glaube, Nietzsche wußte um diese Forschung als er "Über Wahrheit und Lüge im außermoralischen Sinne" schrieb. Auf der Grundlage dieser Neurophysiologie würde man heute eher die Vorstellung haben, dass das Auge Störimpulse produziert, es flirren lässt, wenn man so will, und dass das Gehirn aus diesem Flirren optische Eindrücke produziert.

Die Malerei der Impressionisten kann man als Zurückverfolgen der fertigen optischen Eindrücke auf jenen Entstehungsprozess hin betrachten, den wir normalerweise nicht mitwahrnehmen. Deswegen handelt eines der letzten Bücher von Merleau-Ponty schon im Titel von *Le Visible et l'Invisible*. Diese Malerei wie der Philosoph, der sich von ihr anregen lässt, sind angewandte Kognitionsforschung, indem sie uns wahrnehmen lassen, was wir normalerweise nicht wahrnehmen. Wie der Kapitalismus bei Marx in den Resultaten der Warenproduktion deren Bedingungen verschwinden lässt, so verschweigt uns unsere Wahrnehmung, wie sie zustandekommt. Und das ist gut so, hätten wir doch sonst laufend Anlass, an unseren Wahrnehmungen zu zweifeln. Mit einem solchen Zweifel, würde er uns dauernd begleiten, gingen erhebliche Überlebensnachteile einher. Das Gehirn selbst jedoch, ohne dass unser Bewusstsein davon etwas merken würde, zweifelt sehr wohl. Deswegen vergleicht es ständig seine optischen mit seinen akustischen Eindrücke und diese wiederum mit seinem Wissen von der Lage des Körpers im Raum. Die Schwindelgefühle, die wir zuweilen haben, resultieren daraus, dass wir optische und Gleichgewichtseindrücke nicht miteinander in Einklang bringen. Sie sind eine "kognitive Dissonanz", mit dem psychologischen Terminus von Festinger, auf der Wahrnehmungsebene des Bewusstsein. Dieser Schwindel zeigt, dass unser Gehirn es normalerweise durchaus schafft, die verschiedenen Sinneseindrücke, die es den verschiedenen Organen zurechnet, in eine Balance miteinander zu bringen, in eine oszillierende, vielleicht skeptische Balance, aber immerhin in eine Balance. Wenn das Auge denkt, findet gar nichts statt, das Gehirn denkt mit Hilfe des Auges.

Wenn Sie das Denken dem Bewusstsein gegenüberstellen, was nennt man Bewusstsein?

Im Bewusstsein geht es um das Prozedieren von Vorstellungen, von Wahrnehmungsinhalten, um das Verarbeiten von neurophysiologischen Informationen zu Vorstellungen von Dingen und Ereignissen, die wir dann typischerweise wieder der Umwelt zurechnen. Wenn ich meine Hände auf einen

Tisch lege, nehme ich an, dass dieser Tisch nicht Teil meines Körpers ist, sondern sich in der Welt befindet. Diese Leistung vollbringt mein Bewusstsein. Es sorgt dafür, dass der von mir wahrgenommene Tisch ein Tisch ist, den ich als außerhalb von mir wahrgenommenen Tisch wahrnehme, obwohl sowohl die optischen als auch taktilen Eindrücke, die ich von diesem Tisch habe, meine Eindrücke sind.

Das Denken ist dazu die Kontrolloperation. Das Denken ist der Versuch, die verschiedensten Wahrnehmungsinhalte, die Tasteindrücke von einem Tisch zum Beispiel, den optischen Eindruck von einem Glas, den akustischen Eindruck von einem Wort, in verschiedene Formen zu bringen, die für mich eine bestimmte, nicht unbedingt festliegende, sondern wählbare Bedeutung haben. Diese Wählbarkeit der Bedeutung ist vermutlich einer der Gründe dafür, dass man das menschliche Bewusstsein immer für eine so einzigartige Errungenschaft gehalten hat, dass man sie keiner Pflanze, keinem Tier, bis heute keinem Roboter zurechnen wollte, sondern sich statt dessen einen göttlichen Geist vorstellte, um noch irgendeine Idee von der empirisch auffälligen Begrenzung dieses menschlichen Bewusstseins bilden zu können.

Ich nehme mein Glas, ich schiebe den Tisch weg, um jemanden erreichen zu können, ich höre jemandem zu und nehme ihn ernst oder nicht – dies alles sind Formen, die mein Denken meinem Bewusstsein aufsattelt und in denen es mit beachtlichen Freiheitsgraden mit den Inhalten des Bewusstseins umgeht. Ähnlich wie das Unbewusste, das laut Freud jeden Bewusstseinsinhalt daraufhin prüft, ob er für oder gegen die Erfüllung eines Wunsches spricht, prüft das Denken, ob er im Einklang mit der bisherigen Auffassung von der Welt steht oder nicht. Steht er mit dieser Auffassung nicht im Einklang, wird er erst einmal diskreditiert. Und vermutlich machen wir dies Tag für Tag massenweise. Schließlich ist es uns letztlich wichtiger, unsere Auffassung zu bestätigen, von der so viele verschiedene Dinge, Selbstverständnis wie Weltverständnis, abhängen, als dem abweichenden und vermutlich eher zufälligen Bewusstseinsinhalt nachzugehen. Intelligenz, sagt wiederum Kurzweil, besteht im Vernichten von Information, nicht etwa darin, an jede einzelne wieder einen ganzen Prozess der Welterkundung und Weltüberprüfung zu hängen. Klar, dass dieses Vernichten eine bestimme Form der Wahrnehmung und Einschätzung voraussetzt und nicht etwa mit Ignoranz identisch ist. Den Soziologen interessiert an diesen Überlegungen, dass dieses Denken, das zwischen Bewusstsein und Welt oszillierend für lebbare Balancen zwischen Bewusstsein und Welt sorgt, in einem hohen Maße, dessen wir uns wiederum und heilsamerweise kaum bewusst sind, von sozialen Vorgaben abhängig ist, von einem gesellschaftlichen Vorwissen darüber, wie man sich an einem Tisch bewegt, was man mit einem Glas macht oder was es heißt, einen Gesprächspartner zu erreichen.

Wenn Sie wertende Gedanken nehmen, die nichts Dingliches haben, oder Vorstellungen, das Firmament über mir, an einem Nebeltag, wie würden Sie diese deuten? Was geschieht da?

Hier kommt ein Zusatzindex ins Spiel: Verwechsle den Himmel, den du nicht berühren kannst, nicht mit einem Tisch, den du berühren kannst. Oder verwechsle den Gott, an den du glaubst, nicht mit einem Lehrer, den du siehst.

Ich bin einmal die Treppe runtergefallen. Ich habe das Gefühl davon, wie lang ein Ellenbogen sein kann, durch Schmerz erfahren. Dadurch habe ich Erfahrungen gewonnen und das ist meine dingliche Unterscheidung zwischen mir und dem anderen?

Die Art und Weise, wie ich eine Erfahrung verarbeitet habe, die Zurechnung auf einen Sachverhalt, mit der ich sie indiziere, lassen sie mich eine dingliche Erfahrung nennen. Das schließt nicht aus, dass es Leute gibt, die ein Erweckungserlebnis, ein Saulus/Paulus-Erlebnis, auf eine Art und Weise zurechnen und beschreiben, die einer dinglichen Erfahrung sehr nahe kommt. Sie haben etwas gesehen und beschreiben ihren daraus resultierenden Glauben in demselben Maße als zwingend, wie sie die Erfahrung einer Treppe als zwingend beschreiben, die sie heruntergefallen sind.

Wie ist das einzuschätzen? Freud polemisiert ja gegen dieses Gefühl der Auflösung in das Meer der Welt ...

Es scheint in der Religion immer schon eine Pointe der Wiederverweltlichung zu geben, die den Index Gott dafür einsetzt, einen Index Welt sicherzustellen: Wiedereinbindung, *religio*, im strengen Sinne des Wortes?

10vor11, RTL, 26. November 2001

Vom Nutzen ungelöster Probleme

Das erste Kapitel Ihres Buches Postheroisches Management *trägt den Titel "Der Laden". Sie sprechen da von einem Gemischtwarenladen und wundern sich darüber, dass dieses Stichwort in einem deutschen Lexikon jetzt wieder einen Eintrag hat, obwohl es zuvor über viele Jahre keinen Eintrag hatte, im 19. Jahrhundert oder zur Wende zum 20. Jahrhundert jedoch noch sehr wichtig war.*

Das könnte Zufall sein, aber mir kam das sehr zupass, um sagen zu können, dass wir heute wieder auf etwas aufmerksam werden, was wir aus den Augen verloren hatten und wofür der Kolonialwarenladen einmal sprichwörtlich war, nämlich für Mischungsverhältnisse zwischen Waren.

Sie schreiben: "Jede Ware stört und ergänzt jede andere und Gerüche ziehen durch den ganzen Laden, die ihm seine charakteristische Eigenheit geben." Das ist so eine Stelle, die Heiner Müller an Ihrem Buch wahrscheinlich entzückt hat. Das kann ich sehen, sagte er. Dramatisch findet er das nicht, aber selten, rar. Aber das ist es ja nicht, was so ein Controller im Auge hat. Ein Controller würde so einen Gemischtwarenladen doch auseinanderziehen?

Solange ein solches Gemenge und Durcheinander für sein Controlling keine Daten produzieren, die er nutzen kann, ist dies für den Controller eine Horrorvorstellung. Aber solche Bilder lohnen sich ja nur deswegen, weil sie sich gegen andere Bilder wenden. Diese anderen Bilder sind zum Beispiel die des Controllers, der den Überblick nicht verlieren will, es sind aber auch die des Funktionalismus, dem die Idee zugrundeliegt, eine Arbeitsteilung sei um so effizienter, je deutlicher die Arbeitsschritte voneinander getrennt sind. Von dieser Vorstellung nehmen wir gegenwärtig Abschied und das finde ich spannend, weil gar nicht klar ist, ob und wie die Leute mit den dann entstehenden Mischungsverhältnissen zu Rande kommen, denn zunächst mal steigt ja der Stress. Wie definiert jeder einzelne an seinem Platz seine Arbeit, wenn diese Arbeit mit allem anderen zusammenhängt und der Platz, an dem sie stattfindet, weder räumlich noch zeitlich deutliche Grenzen hat?

Wäre so eine Nahkampfatmosphäre in der Chefetage nicht der Horror? Es könnte ja nichts Praktisches gemacht werden und hier tritt noch nicht einmal ein Käufer in Erscheinung. Ist das nicht die Lage des Gemischtwarenladens?

Genau das empfiehlt man heute vielfach der Geschäftsführung eines Unternehmens. Zum Beispiel werden Vorstände als "Teams" verstanden: Niemand weiß genau, welche Aufgaben der andere hat und muss daher immer damit rechnen, dass man ihm in seine Arbeit "hineinpfuscht", wie man früher sagte. Ja, man muss das Hineinpfuschen der anderen sogar begrüßen, weil nur so sichergestellt werden kann, dass jede einzelne Arbeit laufend Gegenstand der Diskussion ist. Nur so kann jede Aufgabe als Aufgabe im Kontext anderer Aufgaben betrachtet werden.

Ich würde gerne Ihre Vokabeln kennenlernen. Wenn Sie vom Verkauf sprechen, denken Sie dann an Kaufhöfe, also an gut geordnete Warensammlungen mit Ramschecken, die einen Markt nachahmen, aber kein Markt sind?

Ich würde hier schon von einem Markt sprechen...

Aber hier kommen die Anbieter nicht hin, sondern sind bereits da.

Die Anbieter sind bereits da und die Kunden flanieren.

Wie unterscheiden sich die Rue Saint Honoré oder die Maximilianstraße, das heißt eine Kette von Fachgeschäften, eine Mall, von einem Kaufhof – und wie von einem Korallenriff?

Der Kaufhof versucht, unter einem Dach von Synergieeffekten zu leben, in der Erwartung, dass jemand, der fünf Briefumschläge kauft, vielleicht auch ein Buch und eine halbe Gans kauft, weil er alles unter einem Dach vorfindet.

Der Kaufhof ist also weniger tief als vielmehr breit im Angebot?

Vor allem scheint mir der Kaufhof nicht darauf kapriziert zu sein, dem Kunden genau das anzubieten, was er will, wie dies der Fachverkäufer tut, der von sich behauptet, dass er die besten Teppiche der Stadt in seinem Laden hat. Wer einen Teppich sucht, geht daher in ein Fachgeschäft. Der

Kaufhof hingegen zählt darauf, dass ein Kunde neben dem, was er vielleicht sucht, noch etwas kauft, was er nicht gesucht hat.

In jeder Kleinstadt des Wilden Westens gibt es einen Bischof, eine Kirche, einen Laden, einen Sheriff und ein Gefängnis. Das ist die Grundform der Stadt. Und es bildet sich ein ganzer Kontinent. Es entstehen Vertriebsnetze einfachster Art, gleichförmig über das ganze Land verteilt. Dies kreiert, zusammen mit der Eisenbahn, eine Nation. Inwiefern unterscheidet sich dies vom Fachgeschäft und von der Art des europäischen Kaufens?

Wenn ich von den Eindrücken ausgehen darf, die ein Wildwestfilm aus Hollywood vermittelt, kann man an den Kaufläden, die man dort sieht, einen Großteil der Problematik der Pioniersituation im Goldenen Westen studieren. Man kommt in den Laden, um sich mit leinerner Unterwäsche auszustatten; dabei fällt der Blick auf die Winchester, die hinter dem Verkaufstresen an der Wand hängt, und man kauft sie, weil sie einem ins Auge gefallen ist.

Ebenso die Nägel.

Und die eingelegten Gurken. Man orientiert sich an dem Bedarf, den man hat, lässt sich aber anregen, in diesem Laden erst einmal zu entdecken, woran man Bedarf hat. Schließlich hat man draußen in der Prärie ganz vergessen, was man wozu brauchen könnte.

Also die reine Gebrauchswertorientierung. Man hat sich den Kopf des Kephalos schon im Osten zerbrochen und alles hierher geschafft, was man braucht.

Der Verkäufer ist derjenige, der die schärfste Analyse dieser Pioniersituation vornimmt. Er kann dem Käufer schließlich sagen, alles, was er brauche, finde er vor, auf oder hinter seinem Ladentresen.

Hier erklärt ein Soziologe, warum es in Stalingrad so wenig funktioniert hat. Drei Monate hat man dort gekämpft und bis zum Schluss war es nicht gelungen, die Pakete so zu packen, dass sie in ein Flugzeug passen und vor Ort etwas bewirken können. Man hat Wagenladungen von Präservativen dorthin geschafft, die man dort nicht brauchte. Warum gibt es in der Not eine Fülle von Pannen? Vier Wochen nach dem Ende des Kessels gelangen die Schinken aus Holstein an die Front.

Vermutlich hat es sich um eine Situation gehandelt, in der die Armeeführung nicht zur Kenntnis genommen hat, wie ernst die Lage im Kessel war. Vielleicht hatte man es mit einer Situation zu tun, in der man dies auch nicht zur Kenntnis nehmen durfte, denn hätte man die Lage in der Armeeführung zur Kenntnis genommen, hätte man sie beim Oberkommando in Berlin oder wo immer auch zur Kenntnis nehmen müssen. Man schafft die Präservative und die Schinken dorthin und sei es nur, um vor sich selbst den Eindruck zu erwecken, dass die Lage so ernst nicht sei, dass man durchhalten und weitermachen könne und deswegen auch all dies brauche.

Ein Jahr vorher gab es vor Moskau dieselbe Situation. Die Winterkleidung kommt nicht an; die Truppe läuft dort im russischen Winter in Sommerkleidern umher. Die Bücher Napoleons und seines Leibarztes hat man jedoch zur Hand; die führt man im Tornister mit; und in ihnen wird das Unglück der französischen Armee beschrieben, die dieses Schicksal einer Sommerarmee im russischen Winter schon einmal erlebt hat.

Vielleicht las man dies nur als Warnung davor, den Winter dort aushalten zu müssen, aber nicht als Warnung, sich rechtzeitig mit der Winterkleidung einzudecken.

Das spielt sicher eine große Rolle. Aber warum wiederholt sich so etwas? Warum ist das Erinnerungsvermögen von Managern, die doch keine unfähigen Leute sind, derart geringfügig?

Wahrscheinlich hängt das mehr mit der Organisation als mit dem Management zusammen. Im neunzehnten Jahrhundert hat man Organisationen als soziale Systeme konzipiert, die sich daran hindern zu lernen. In Organisationen geht es ja um die Einhaltung von Routinen. Sie sollen routiniert arbeiten und entscheiden, gleichgültig, was um sie herum und in ihnen sonst noch so alles passiert. Anders wären Schulen, Behörden, Krankenhäuser, Produktionsbetriebe, Universitäten nicht möglich.

Sie dürfen nicht irritierbar sein.

Die Nichtirritierbarkeit der Organisation ist ihre Arbeitsprämisse. Normalerweise soll das Management diese Nichtirritierbarkeit durch phasenweise Irritation aufstören und gesellschaftlich kompensieren. Das setzt jedoch voraus, dass das Management hinreichende Gründe sieht, die eigene Organisation durch strategische Überlegungen, die Einführung neuer Produktionstechnologien oder die Veränderung der Entscheidungsverfahren zu irritieren. In großen Organisationen gibt es jedoch angesichts des Planungs- und Produktionsaufwands immer mehr Gründe, dafür zu sorgen, dass die Routinen reibungslos laufen, als nach Irritationen zu suchen, die man hineinfüttern könnte, um den Lauf des Üblichen zugunsten neuer Lösungen zu unterbrechen.

Hinzu kommt, dass man keine Angst haben, sich nicht fürchten darf. Dies ist ein Sollsatz, der das Management durcheinanderbringt. Man darf sich den eigenen Untergang nicht vorstellen.

Man muss auf Hochtouren bis zum Abgrund laufen – und dann hinüberspringen.

Hilft es dem Management – oder laut Clausewitz auch dem Strategen – denn nicht bereits, dass sich diese typischen Fehler, etwa auch in Pearl Harbor, x-fach in der Geschichte wiederholen? Es sind immer wieder dieselben Fehler, die das kollektive Unglück, den Zusammenbruch großer Organisationen, ganzer Reiche herbeiführen. Warum gibt es dagegen keine Abhilfe?

In den neueren Managementphilosophien empfiehlt man Regeln wie "Mach' mehr Fehler und mach' sie schneller, denn woraus sonst willst du etwas lernen!" Dieser Satz von Tom Peters war so etwas wie das Mantra der Managementphilosophie der 1990er Jahre. Hier ging es darum, die Möglichkeit des Abgrundes vor Augen zu haben und immer mitzuführen, und dies nicht zuletzt deswegen, um rechtzeitig reagieren zu können. Trotzdem orientierte sich auch diese Literatur an den großen Erfolgen der großen Unternehmen. Man suchte und beschrieb landauf, landab die Erfolgsfaktoren des Managements. Es gibt nahezu keine hinreichend ausführliche Literatur über das großartige Scheitern von großartigen Unternehmen. Nur daraus könnte man ja wirklich lernen. Wir müssen lernen, die Seite des Erfolgs und die Seite des Scheiterns als die beiden Seiten derselben Organisation zu begreifen. Dann erst wäre das Management über die Leistung orientiert, die von ihm verlangt wird. Und dann erst könnten wir es bei seiner Leistung wirklich beobachten.

Diese Öffnung hat Heiner Müller an Ihrem Buch über das postheroische Management interessiert. Wenn es um das Scheitern, das große Scheitern geht, haben wir es wieder mit der Arbeitsform der Tragödie, des Dramas zu tun.

Ja, aber statt dessen schauen wir uns große Unternehmen an und bedauern das Ungenügen des Managements, wenn es ihm nicht gelingt, aus diesem Unternehmen etwas zu machen. Wir rechnen individuell und auf Personen zu und verzichten damit auf die Möglichkeit, uns Situationen anzuschauen und aus ihnen etwas zu lernen.

Sie sprechen von Organisationen gelegentlich wie von Lebewesen. Sie sollen lernfähig sein oder nicht lernfähig sein, sich erinnern können. Können Sie mir diese Redeweise erläutern?

Das hat wahrscheinlich etwas mit der professionellen Deformation eines Soziologen zu tun. Soziologen gehen nicht davon aus, dass nur Individuen Individuen sind, sondern können sich vorstellen, dass auch große Ereignisse wie die Französische oder die Russische Revolution, Ideologien oder Geschichten einen stark individuellen Charakter aufweisen. Sie haben in der Beschreibung der Welt und für ihr Verständnis denselben Stellenwert wie eine Person – oder auch einen größeren Stellenwert als eine Person. Organisationen oder andere soziale Systeme wie eine Familie, eine Party oder eine Warteschlange an einem Schalter können ein Eigenleben und einen Eigensinn haben wie ein menschliches Individuum.

Das Lebewesen Ruhrgebiet zum Beispiel erstreckt sich über drei bis fünf Generationen. Das Ruhrgebiet ist ein lebendiger Vorgang, würden Sie sagen, der sich weit unterhalb der Individuen aus kleinen Verhaltensänderungen – aus einer polnischen Familie wird irgendwann eine westfälische – und auch weit oberhalb der Individuen aus Lebensläufen entwickelt. Kann man das so sagen?

Man kann das ganz individuell auch erleben. Ich fahre einmal in der Woche zwischen Berlin und dem Ruhrgebiet hin und her, weil ich in Berlin lebe und in Witten arbeite. Die S-Bahn in Berlin ist mit der S-Bahn im Ruhrgebiet fast nur auf der Ebene des Verkehrsmittels zu vergleichen. Im übrigen herrschen unterschiedliche Tonfälle, Gesichtsausdrücke und Lebendigkeiten – in beiden Fällen übrigens nicht gerade übermütige Lebendigkeiten. Ich merke, dass jemand, der mir in der S-Bahn im Ruhrgebiet gegenübersitzt, dieses Lebewesen Ruhrgebiet in sich hat, an diesem Lebewesen arbeitet und diese Arbeit sowohl mit dem Bedauern, dass es damit vorbei ist, wie mit der Sorge, dass es irgendwie weitergeht, leistet. Er unterscheidet sich eklatant von jemandem, der mir in der S-Bahn in Berlin gegenübersitzt und mir vor allem zum Ausdruck zu bringen scheint, dass das Schicksal Berlins viel mit der Gleichgültigkeit gegenüber dem Schicksal eines Einzelnen zu tun hat.

Könnte man dies klassisch so formulieren, dass es in den Menschen eine subjektive Eigenschaft gibt, die eine Unterströmung weit oberhalb ihres eigenen Lebens und tief in ihnen ausmacht? Ist diese Subjektivität etwas viel Tieferes als das Ich?

Ja, das könnte man so formulieren. Aber das würde dann auch bedeuten, dass die Philosophie des deutschen Idealismus mit ihrer Subjektorientierung nicht nur am Leben und Bewusstsein des Menschen festzumachen ist, sondern auch ganz andere Phänomene beschreiben kann und in der Anwendung auf diese Phänomene trotz Walter Benjamin oder Roland Barthes eher unterentwickelt ist. Wenn sie diesen Gedanken ernst nähmen, hätten Philosophen in Deutschland und andernorts mehr zu tun als es gegenwärtig den Anschein hat.

Ein modernes Management müsste für diese Phänomene ein Ahnungsvermögen besitzen, müsste einen Sinn für diese Strömung in den Menschen haben, für diesen Corpsgeist, diese animal spirits *und all dies?*

Ja, dies zum einen. Zum anderen kann man das Management seinerseits auch als ein Tier in diesem Sinne, eine lebendige Subjektivität, bezeichnen. Bücher von Alfred D. Chandler *(Strategy and Structure, 1962; The Visible Hand, 1977; Scale and Scope, 1990)* und anderen zeigen, wie sich das Management wie ein Lebewesen innerhalb der Hierarchien von Organisationen eingenistet hat. Eine Hierarchie ist ein paradoxes Phänomen, weil sie Ebenen miteinander verbindet, indem sie sie voneinander unterscheidet. In jedem Ebenenbruch braucht man deshalb einen Manager, der die Ebenen miteinander verbindet, indem er sie auseinanderhält. Der Manager ist der Parasit, der die Paradoxie bewältigt und sicherstellt zugleich, also mit einer Paradoxie auf die Paradoxie antwortet. Die “managerial revolution”, von der Chandler spricht, besteht darin, dass jede Koordination eine neue Schnittstelle zwischen dem, was koordiniert werden soll, und dem, wodurch es koordiniert wird (sei es eine Person, eine Funktion oder eine Leistung), ist, so dass sich der Bedarf an Management, solange er an diesen Brüchen der Hierarchie ansetzt, multipliziert. Der neue Berufsstand der Manager ist im 19. Jahrhundert das Ergebnis einer an Paradoxien orientierten und parasitären Schnittstellenanalyse. Da ist eine ganz neue Tiergattung entstanden.

Und das schluckt oder kannibalisiert ganze Unternehmen, ist das richtig? Und entwickelt die Kraft, die Ausdehnung des Unternehmens voran zu treiben?

Diese Leistung des Managements ist der entscheidende Wachstumsfaktor im 19. Jahrhundert. Sie macht die Organisation zu einem Produktionsfaktor, der an die Seite der Produktionsfaktoren Kapital und Arbeit tritt, aber zunächst trotz einiger Hinweise bei Saint-Simon und Auguste Comte keinerlei angemessene Aufmerksamkeit der Theoretiker findet. Deswegen lohnt es sich meines Erachtens, Managementphilosophien zu lesen. Denn in den 1990er Jahren beschäftigte das Management sich mit kaum einer anderen Frage als der Frage danach, wie es sich selbst abschaffen, deflationieren oder zumindest reduzieren kann. In Frage steht jedoch, ob es im Management ein Bewusstsein für die Grenzen der eigenen Leistungsfähigkeit gibt und dies nicht nur als ein Bewusstsein für die Grenzen der Leistungsfähigkeit eines Managers, der ein bestimmtes Alter überschreitet. Danach sieht es nach wie vor nicht aus.

Es geht also nicht um die physische Leistungsfähigkeit ...

... sondern um die organisationale, ja. Immerhin ist die Diskussion der 1990er Jahre ein Zeichen dafür, dass das Management an bestimmten Begrenzungen leidet.

Kann es das geben?

Ich denke an das Stichwort der "flachen Hierarchien", das Managementphilosophen ausgeben, um für einen Abbau nicht nur der vielerorts viel zu steilen Hierarchien, sondern auch der Manager, die die zahlreichen Stufen beleben, zu plädieren. Hier denkt das Management darüber nach, wie das Management reduziert werden kann.

Was ist das, eine flache Hierarchie?

Eine flache Hierarchie ist eine auf nicht viel mehr als drei Ebenen begrenzte Hierarchie, eine obere Ebene, eine mittlere, eine untere. Drei Ebenen sind auch bereits das

Minimum für jede Hierarchisierung, weil jede Hierarchie in nur zwei Ebenen zu leicht kippen kann, wie man im Karneval oder in der Herr/Knecht-Dialektik von Hegel sieht. Die Dreiebenenhierarchie kann nicht kippen, weil die mittlere Ebene dafür sorgt, dass Oben oben und Unten unten bleiben.

Da gibt es also einen lachenden Dritten?

Ja, den Parasiten namens Management.

Wieviel Hierarchien hat zum Beispiel ein Haus wie die Bertelsmann AG?

Geht man nicht in der Personalabteilung von ungefähr 16 Ebenen aus?

16!

Ja, aber das ist von Bereich zu Bereich und Teilbetrieb zu Teilbetrieb unterschiedlich.

Wieviele Ebenen hat ein Medienunternehmen wie das von Kirch?

Von außen würde man denken: zwei – Kirch und alle anderen.

Das glaube ich auch. Wir haben es mit einer Tycoon-Verfassung zu tun, oder wie nennt man so etwas? Das ist eine sehr traditionelle Verfassung, ein Landgut würde man auch nicht anders verwalten.

Vielleicht kann man auch an die alte tyrannis denken. Aber die Beschreibung ist nicht einfach, die Informationen sind zu spärlich. Das Kirch-Unternehmen ist extrem differenziert. Wieviele Mitarbeiter hat es? Selbstverständlich wird es interne Hierarchien geben. Es wird wie bei Unternehmensberatungsgesellschaften flache Hierarchien geben, zugleich jedoch stark ausgeprägte und hochdifferenzierte Hackordnungen. Tom Peters hat für McKinsey das Phänomen beschrieben, dass wir bei einer flachen Hierarchie mit drei Ebenen Teams beobachten können, die aus zwanzig Leuten bestehen und untereinander eine Hackordnung unterhalten, die aus zwanzig Stufen besteht. Mit diesem Phänomen muss man überall rechnen.

Wenn Sie Tyranneien großer Art in der Geschichte studieren, werden Sie immer finden, dass der Tyrann dazu neigt, den gleichen Auftrag immer an mehrere Personen zu vergeben, die einander auf diese Weise kontrollieren. Wie nennt man so etwas? Er schafft eine Turbulenz, eine leichte Chaotisierung und auf diese Weise gibt es Selbstregulationen, Gegenwehr, Notwehr des einen gegen den anderen.

Es handelt sich um ein Abstimmungsverfahren durch Konkurrenz, das zwei Leistungen zugleich erbringt. Die eine Leistung besteht darin, dass jeder einzelne Beauftragte nicht wissen kann, ob er seine Aufgabe gut erfüllt, solange ein anderer an derselben Aufgabe arbeitet. Und die zweite Leistung besteht darin, dass jeder einzelne Beauftragte sich immer so verhalten muss, dass er weitere Aufträge bekommen kann. Gleichgültig, wie sich jeder einzelne verhält, er muss zugleich laufend mitbeobachten, ob er in der Gunst des Herrschenden steigt oder fällt. Er hängt mit Augen und Lippen, wie das Baltasar Gracián in seinem *Handorakel* schon 1647 gezeigt hat, an den Augen und Lippen des Herrschers und beobachtet gleichzeitig alle Konkurrenten, wie diese sich gegenüber dem Herrscher positionieren. Das ist eine sozial hochgradig verdichtete Arbeitssituation und kann sehr fruchtbar sein, sich aber auch selbst blockieren.

Ein Herrscher wie Hitler neigte in bestimmten Jahren auch zum Faulenzen. Er stand spät auf, er gab unklare oder gar keine Weisungen, er regierte über seine Chauffeure oder seinen Adjutanten, also einen sehr kleinen Kreis nicht fachlich gebundener Leute, und hielt sich aus dem Geschehen heraus. Ähnlich übrigens zeitweise Mao Tse Tung. Vorher jedoch hatte er bereits für diese Konkurrenzen gesorgt. Wie kann man so etwas beschreiben?

Mich erinnert das an die Art und Weise, wie eine Freundin, Katka Schroth, die Arbeit eines Regisseurs wie Klaus Michael Grüber beschrieben hat. Die Schauspieler, die unter der Regie von Grüber arbeiten, etwa an der alten Berliner Schaubühne, sind so genau in der Lage, sich vorstellen zu können, was "der Alte" will, dass sie von sich aus und fast unwillkürlich die Haltungen, Gesten und Tonfälle an den Tag legen, die gewünscht sind. Die Fähigkeit, sich vorstellen zu können, was gewollt ist, leitet viel punktgenauer die Arbeit dieser Schaupieler an als es jede Anweisung könnte. Irgendwo in einer der letzten Reihen des Parketts und im Dunkeln weiß man den Regisseur sitzen und experimentiert auf der Bühne mit verschiedenen Möglichkeiten, bis man "ganz von selbst" das Gleichgewicht und die Spannung findet, die dann als das Ergebnis einer großen Regiearbeit gelten kann. Das geht natürlich nur unter Leuten, die aufeinander eingespielt sind, aber dann ist es ein Koordinationsmodus, der vermutlich durch keinen anderen zu übertreffen ist.

Adam Smith entwickelt in seinem großen Werk Der Wohlstand der Nationen *eine Vorstellung von Führung oder von Management, wenn Sie es so nennen wollen, und von Selbsttätigkeit auf den Märkten, in den Gesellschaften. Wie würden Sie die Kräfte im Adam Smith'schen Sinne beschreiben, die in der Grundform des Kapitalismus liegen?*

Sie sprechen von zwei Vorstellungen, zum einen von Führung und zum anderen von Märkten. Ich sehe zunächst einmal nur die zweite Vorstellung, jene von der Steuerung des Verhaltens durch den Markt.

Die "invisible hand".

Die "invisible hand" funktioniert so, dass jeder sich vorzustellen versucht, durch welche eigenen Aktionen und Angebote er wohl am ehesten einem Kunden auffällt, der bereit sein könnte, diese oder jene Summe Geldes für ein Angebot auszugeben. Auf der Suche nach diesem Kunden orientiert er sich, wie Soziologen von Georg Simmel bis Harrison C. White beschrieben haben, jedoch nicht am Kunden und dessen unerforschlichen Bedürfnissen, sondern am Konkurrenten und dessen Angeboten. Man beobachtet nicht die gegenüberliegende, sondern die eigene Marktseite, um herauszufinden, wie groß die Chancen sind, mit einem preislich günstigeren oder mit einem qualitativ besseren Angebot den Kunden zu überzeugen, der an den Marktständen vorüberzieht.

Das wäre ein Regularium, nach dem auch eine Welt von Teufeln, eine Welt voller Saboteure, Wohlstand, Glück, eigentlich Humanität, Zivilisation erzeugen kann.

Die Moral von Bernard Mandevilles *Bienenfabel* aus dem Jahr 1714, dass man "virtues" durch "vices", Tugenden durch Laster erzeugen kann, ist auch bei Adam Smith wiederzufinden. Dennoch gibt es ja auch jene andere Vorstellung bei Adam Smith, von der Sie gesprochen haben. Smith schreibt, man dürfe Kaufleuten kein einziges Wort glauben, vor allem dann nicht, wenn sie vom "Gemeinwohl" sprechen würden. Kaufleute würden ausschließlich im eigenen Interesse handeln und reden. Man könnte dies Führung durch das Beispiel egoistischer Rationalität nennen. Beides zusammen führt dann zu jenem Kapitalismus und Liberalismus, die blendend funktionieren, weil und obwohl keiner der Akteure durchschaut geschweige denn ausspricht, nach welchen Gesetzen sie funktionieren.

Muss es nach Adam Smith einen Restbestand an vorgegebenen Sitten, Gebräuchen und Normen geben, damit das funktioniert?

So glaubte noch Joseph Alois Schumpeter und auch heute glaubt man noch, dass es einen solchen Restbestand gibt. Allerdings weiß man inzwischen, dass diese "Restbestände" im Nachhinein auch wieder neu erfunden werden können. "Inventing Traditions" ist das dazu passende Stichwort, das der Historiker Eric Hobsbawm entwickelt hat. Wirtschaft kann man nur treiben, wenn man sich auf Traditionen verlassen kann, die windfall profits ermöglichen, wie der Ökonom sagen würde. Es muss immer wieder Leute geben, die an Verhaltensweisen der Arbeit, des Konsums, der Führung festhalten, die ökonomisch nicht rational sind, weil Leistungen zu niedrigeren Preisen angeboten werden, als der Markt sie andernfalls zahlen würde, und Leistungen zu höheren Preisen nachgefragt werden, als zu denen der Markt sie liefert. Das Spiel um Moden und Trends, das man heute beobachten kann, ist ein Spiel, das zumindest kurzfristig solche Traditionen immer wieder neu zu stiften versucht.

Aber bei Adam Smith kennt man noch den traditionellen Tausch der Treue gegen Treue, den Naturalientausch und andere aus dem Mittelalter und Feudalismus tradierte Grundformen, in denen Menschen in Notzeiten miteinander umgehen.

Adam Smith' erstes Buch über *The Theory of Moral Sentiments* aus dem Jahr 1759 hatte darin noch seinen Schwerpunkt. Hier sprach er noch von der Empathie, dem Einfühlvermögen, als Grundlage sozialer Bindung. Das ist etwas anderes als Sympathie, wird aber oft damit verwechselt. Zwanzig Jahre später würde er davor wohl eher warnen und umgekehrt dazu auffordern, sich nach jenen umzuschauen, von denen der Verführer gelernt hat, sich in den Verführten "einzufühlen".

Sie nannten den Namen Schumpeter. Was hat der gesagt, das ist ja ein ganz berühmter Wirtschaftsforscher?

Schumpeters berühmteste Aussage ist, dass der Kapitalismus auf dem Prinzip der schöpferischen Zerstörung beruht. Die hat er in seinem zuerst auf Englisch und mitten im 2. Weltkrieg erschienenen Buch *Kapitalismus, Sozialismus und Demokratie* ausgearbeitet. Marx war noch davon ausgegangen, dass die kapitalistische Akkumulation zwangsläufig zur Selbstdestruktion führt. Schumpeter setzt die Selbstdestruktion an den Anfang und fragt nach dem Produkt, das diese Destruktion bewirkt und zugleich der Ausgangspunkt für eine sich daraus entwickelnde neue Lage ist. Unternehmer ist jemand, der bestimmte bisherige Produktionszusammenhänge unterbricht, auflöst und neue an ihre Stelle setzt.

Die Bauern verlieren ihren Beruf, werden von ihrem Hunger in die Städte getrieben und entwickeln dort industriellen Fleiß. Der Unternehmer oder Verleger greift das auf und macht etwas Neues daraus.

Er macht aus dem flottierendem Material der Arbeitskraft, aber auch des Warenangebots, der Produktionsverhältnisse oder der Organisationsformen von Betrieben etwas Neues. Aber auch das, was er daraus macht, wird vom nächsten Unternehmer wieder zerstört. Der Kapitalismus ist kein statisch, sondern ein dynamisch stabilisiertes System. Was für Marx fatal war, wird für Schumpeter kreativ, obwohl er keinen Moment übersieht, dass die Zerstörung nicht etwa von den Betroffenen schon deswegen freudig begrüßt wird, weil sie sich so als Mitspieler des Kapitalismus begreifen dürfen.

Nun interessiert sich ein einzelner Manager zunächst für seine Laufbahn. Sein unmittelbarer Antrieb ist in der Organisation nicht öffentlich bekannt, sondern gehört zu den Punkten, über die die Organisation nichts weiß, aber über die sie wissen muss, dass sie über sie nichts weiß. Und dann kommt es zu einer Gemeinde, einem Ameisenhaufen von Menschen, die ihre Lebensläufe fördern und zusammengenommen Organisation entwickeln.

Die Organisationstheorie spricht von "loser Kopplung". Es gibt einen Markt für die Produkte von Unternehmen und es gibt einen Markt für Manager und ihre Karrieren. Diese beiden Märkte sind miteinander lose gekoppelt, das heißt, sie haben zunächst einmal nichts miteinander zu tun, weil unterschiedliche Anbieter und Nachfrager auf ihnen auftreten. Und dennoch muss der Manager den Eindruck wecken und aufrechterhalten, dass seine Produkt- und Preisentscheidungen gestern für die Bewerbungen und Jobangebote von morgen relevant sind. Er muss darauf achten, dass ihm die negativen Konsequenzen seiner Entscheidungen nicht, wohl aber die positiven Konsequenzen zugerechnet werden, obwohl letztere vielleicht gar nichts mit seinen Entscheidungen zu tun haben.

Der Manager hat seinen Lebenslauf zur Verfügung, von diesem jedoch nur ein kurzes Stück, denn vorher muß er sich um seine Ausbildung kümmern und danach muß er Konkurrenten weichen oder wegen seines Alters ausscheiden. Sein Peak Point ist kurz. Genau jetzt braucht er handliche Aufgaben. Napoleon leidet darunter, dass er als Sechzigjähriger im Feld nicht mehr so leicht führen wird wie als Sechsundzwanzigjähriger. Hitler hatte alle Entscheidungen vorgezogen, weil er damit rechnete, nicht viel älter als 56 zu werden, das stehe in den Sternen.

Der heutige Topmanager orientiert sich vor allem an seinem Milieu, an seiner peer group. Für ihn ist die entscheidende Frage, ob sich sein Verhalten, seine Möglichkeiten, seine Erfolge vor denen sehen lassen können, mit denen er sich vergleicht und verglichen sieht. Er wird nur dann mit 60 Jahren aus seinem Job ausscheiden, wenn sich ihm danach ein Spielfeld bietet, auf dem er seinem Milieu nach wie vor beweisen kann, wer er ist.

Sie schreiben, dass der Manager das zu tun bevorzugt, was sich unterbrechen, abbrechen, in jedem Fall in kurzer Zeit tun lässt. Der Manager bevorzuge das Kurzfristige, den Managementhappen gewissermaßen …

Ja, aber das hat nichts mit der Milieuorientierung zu tun. Sondern hier geht es darum, dass Management nur erfolgreich sein kann, wenn es kurz auftaucht und nicht bleibt. Es muss die Dinge blitzartig als etwas sichtbar machen, was man auch anders angehen kann, aber nicht so tun, als könne es vorgeben, wie sie statt dessen zu erledigen sind. Management besteht darin, die Kontingenz der Situation, ihre Möglichkeit, anders zu sein, als sie ist, und sich anders zu entwickeln, als sie sich gegenwärtig entwickelt, in die Situation hineinzutragen. Die Kollegen und Mitarbeiter werden aus diesem Wissen um die Kontingenz der Situation dann etwas machen, aber es darf nicht der Eindruck entstehen, der Manager könne zeigen, wo es langgeht. Denn er weiß es ja nicht. Er weiß nur, dass in jeder Situation immer auch ein anderes Potential enthalten ist als das, auf das die Beteiligten sich bereits eingeschwungen, um nicht zu sagen: eingeschworen, haben.

Der Manager ist ein Joker, ein Katalysator.

Er ist ein Joker, ein Spieler, jemand, der als Störung beobachtet wird, aber nicht als Wissender, Maßstabgebender.

Er ist also nicht ein Bestandteil der Produktion, sondern ein Trick der Administration, der Verwaltung?

Ja.

Wenn Sie einmal das "Dilemma der Rationalität", von dem Sie in Ihrem Buch sprechen, beschreiben: Die Organisation mache Probleme lösbar, sie überführe ungewisse Umwelten in formale Organisation, sei aber als dieses Mittel der Beherrschbarkeit selber nicht zu beherrschen...

Dieses Mittel ist nicht zu beherrschen, weil man die Umsetzung der ungewissen Umwelt in eine formale Organisation zunächst einmal nur geschehen lassen kann. Wenn sie einmal geschehen ist, kann man sie nicht rückgängig machen. Man läuft in die Falle einer Rationalitätsbehauptung, die man nicht wieder aufheben kann, weil man das Rationale nicht als irrational behaupten kann, ohne unglaubwürdig zu werden. Man müsste also versuchen, den Anschein der formalen und rationalen Lösung von vorneherein zu vermeiden und gar nicht erst festzuzurren, was man nicht wieder loslösen kann. Daraus resultiert unser Interesse an Struktur und Semantik von so genannten "Experimenten" und "Spielräumen", in denen wir Möglichkeiten ausloten können und dies auf eine Art und Weise tun, die die Variationen von morgen heute schon in Reserve hält.

Das Wort "bürokratisch" hat heute eine leicht negative Konnotation. Ursprünglich ist es die ganz gewaltige Errungenschaft gewesen, dass man etwas in einer zentralen Leitung, in einem Büro zusammenfassen kann, um aus den Akten heraus Wirklichkeit zu gestalten.

Max Weber hat die schriftliche Aktenführung durch und in Büros als eine der großen evolutionären Errungenschaften der Menschheitsgeschichte bezeichnet. Schriftliche Aktenführung ist ein Verfahren, das gegenüber Störungen unempfindlich ist und doch vielfältig und variabel eingerichtet werden kann. Diese mangelnde Störbarkeit oder auch "Taktlosigkeit", mit einem Wort von Niklas Luhmann, hat dann die bekannte Bürokratiekritik auf den Plan gerufen und den Blick von der letztlich viel besorgniserregenderen Flexibilität der Bürokratie abgezogen.

Worin bestehen die klassischen Tugenden einer Verwaltung?

In der Pflichterfüllung, im Gehorsam, aber auch im Beamtentum, das eine gewisse Unabhängigkeit, ein eigenes Berufsethos mit sich bringt. Der Beamte ist auf Lebenszeit zu einer bestimmten Verhaltensweise verpflichtet, die an Aktenvorgänge, aber nicht an Personen gebunden ist.

Es gibt auch eine gewisse Verantwortlichkeit.

Die Verantwortung wird von der Verwaltung übernommen, eine Verantwortung für Korrektheit, sowohl juristisch als auch verfahrenstechnisch, jedoch keine Verantwortung für die sachliche Angemessenheit der Entscheidungen. Letztere obliegt der Politik – womit ich nicht sagen will, dass sie dort auch übernommen wird. Aber die Verantwortung für die Korrektheit von Verfahren ist keine kleine Angelegenheit. Der Organisationssoziologe Arthur L. Stinchcombe etwa hat behauptet, dass die Entwicklungsländer in der Lösung ihrer Probleme einen erheblichen Schritt weiter wären, wenn es in ihnen wenigstens so etwas wie eine Verwaltungsbürokratie gäbe, die nach politischen und sachlichen und nicht nach den Kriterien von Begünstigung, Verwandtschaft und ethnischer Zugehörigkeit entscheidet.

Die Organisation führt also aus einem anarchischen und ungeordneten Zustand heraus und wenn man auf sie ver-

zichtet, wie wir gegenwärtig auf Bürokratie zu verzichten versuchen, fällt man wieder in einen ungeordneten Zustand zurück, in dem alles mit allem kämpft?

Wir wissen im Moment weder um die Ordnung unseres Zustands, weil unsere Bürokratietheorie gegenwärtig ganz untauglich ist, noch wissen wir, worauf wir uns einlassen, wenn wir auf diese Ordnung verzichten würden. Es wird viel über *e-government* diskutiert, die Auslagerung der Verwaltungsverfahren in das Internet, und man erwartet daraus vor allem Effekte der Einsparung von Personal- und Verwaltungskosten sowie interessanterweise eine größere Bürgernähe. Aber wie diese elektronische Regierung funktioniert, mit wem sie überhaupt noch eine Berührung hat und woher sie die Information für ihre Entscheidungen bezieht, ist ebenso ungewiss wie die Art und Weise der Organisation dieser Verwaltung. Wird die jeden Aktenvorgang speichern? Und wo? Mir scheint, dass wir uns hier mit vielen Optionen der Einrichtung von Verwaltungen erst wieder vertraut machen müssen. Zum Beispiel wissen wir kaum noch, worin die Bedeutung der Erfindung der Registratur in einem Archiv besteht. Das ist eine Stelle, an der nur festgehalten wird, wann ein Aktenvorgang begonnen worden ist, in welchen Händen er gerade liegt und welchen Fristen er unterliegt. Diese extreme Beschränkung und Befreiung von allen sachlichen Fragen sichert, dass das Verfahren ordnungsgemäß verläuft und jeder Beteiligte weiß, was als Nächstes zu erwarten ist und was nicht. Auf eine solche Einrichtung glaubt man heute typischerweise verzichten zu können, weil man sie für rein "formal" hält, vielleicht sogar für eine Maßnahme zur Schaffung und Sicherung eines Arbeitsplatzes. Aber wenn man sich etwa die Arbeiten von Angelika Menne-Haritz zur Registratur und anderen Einrichtungen dieser Art anschaut, ahnt man, welche Intelligenz im Umgang mit hochgradig verteilten Verfahren hier einmal investiert war.

Eine Art Eisenbahnfahrplan...

In den 1920er Jahren ist diese Registratur in der preußischen Bürokratie abgeschafft worden und eine Sachbearbeiterablage an ihre Stelle getreten. Diese liefert jedoch keine Übersicht, hat keine Kontrollfunktion und führt zu nichts anderem als einem Wildwuchs der Bürokratie, weil jetzt jeder aus seiner Ablage heraus versuchen kann, das Verfahren in seinem Sinne zu lenken.

Ein überforderter Staatsanwalt in Frankfurt am Main hatte in seinem Keller und in seiner Privatwohnung verteilt 7000 unbearbeitete Akten. Das wäre mit der Registratur nicht möglich. Aber es handelt sich um eine Sachablage.

Ja, zwar am falschen Ort, aber immerhin.

In Ihrem Buch gibt es das Stichwort der "Stressgefahren". Gestresst ist, wer nicht wahrhaben will, dass er vor einem Problem steht.

Das ist eine Einsicht aus der Untersuchung von Flugzeugunfällen, die Karl E. Weick und andere vorgelegt haben. 1968 war eine japanische DC 8 gottlob ohne größeren Schaden in der Bay von San Francisco gelandet, weil sich der Kopilot nicht getraut hatte, dem Piloten zu sagen, dass er sich auf der falschen Einflugschneise befand. Genau das hatte man jedoch zuvor häufig trainiert. Wenn der Kopilot erkennt, dass der Pilot falsch handelt, muss er das Kommando übernehmen und eine Korrektur vornehmen. Warum war das in dieser Situation nicht geschehen? Man fand heraus, dass sich beide Piloten in einer Stress-Situation befanden und in dieser Situation auf die gleichsam natürliche, vom Training noch nicht hinreichend korrigierte Reaktion zurückfielen, nämlich unterstellte, dass die Hierarchie zwischen Pilot und Kopilot ihren guten Grund hat und der Pilot schon wissen wird, was er tut. Der Kopilot wusste nicht, wie er seine Wahrnehmung des Fehlers des Piloten kommunizieren konnte, ohne gegen diese Unterstellung der gut begründeten Hierarchie zu verstoßen. Um welche Gemengelage von Kommunikation, Hierarchie und Selbstachtung es hierbei geht, sieht man schon daran, dass der Pilot seinen Fehler nie überwand und später Selbstmord beging. Weicks Konsequenz aus diesem Unfall jedenfalls ist, dass die Stressgefahr darin besteht, die eigene Überforderung nicht zur Kenntnis zu nehmen, unbemerkt eine Art schleichender Panik aufzubauen und in der Reaktion auf diese Panik nichts von dem tun zu können, was man trainiert hat, sondern nur noch auf historisch viel weiter zurückliegende kulturell selbstverständliche Reaktionsmuster zurückgreifen zu können – und heroisch unterzugehen.

Stress ist ein Phänomen, heißt es hier, nicht großer, sondern kleiner Diskrepanzen zwischen Anforderung und Fähigkeiten. Stress entsteht nicht aus den großen Konflikten.

Ich kenne das, wenn ich an der Schreibmaschine oder am Computer sitze, einen Text zu schreiben versuche und eine Deadline für diesen Text habe, mag diese der nächste Tag sein oder in drei Wochen liegen. Ich arbeite den Druck der Deadline ab, erst in zweiter Linie am Text. Obwohl ich an Stellen komme, an denen mir das Argument noch fehlt und ich noch nicht genau weiß, was ich sagen will, arbeite ich weiter. Währenddessen steigt das Unbehagen am Text. Entweder wird der Text dann trotzdem fertig, muss aber weggeworfen werden, weil ich dem fertigen Text dann doch sein Ungenügen ansehe – ich hatte ja die ganze Zeit geglaubt, Argumentationsschwächen im weiteren Verlauf noch ausbügeln zu können. Oder aber ich gestehe mir ein, dass ich ständig daran gearbeitet habe, die kleinen Überforderungen nicht zur Kenntnis zu nehmen. Dann stelle ich die Maschine ab, gehe spazieren oder tue sonst etwas, was den Stress abbaut, indem es ihn zur Kenntnis nimmt. Danach kann ich mich dann dem stellen, was als kleine oder große Überforderung eine dementsprechende und gegenüber der Deadline unempfindliche Konzentration verlangt.

Der Manager ist ein Widerspruchskünstler, heißt es bei Ihnen.

Der Manager muss in der Lage sein, nahezu gleichzeitig die Perspektive seiner Abteilung gegenüber der Geschäftsführung durchzusetzen wie auch die Perspektive der Geschäftsführung gegenüber seiner Abteilung. Er muss ständig auf zwei Hochzeiten tanzen. Diese Fähigkeit ist managementtypisch. Nur der Manager beherrscht sie. Deswegen ist er so unersetzbar. Ich rede deswegen von einer Widerspruchs*kunst*, weil er sie beherrscht, wenn er ein guter Manager ist, ohne deswegen etwas von ihr zu wissen oder sie gar beschreiben zu können.

Wieviel Organisation steckt in einer Großstadt, in einer Metropole? New York zum Beispiel ist durch Manager geordnet, durch Bürokraten, wenn Sie so wollen, schnurgerade Straßen und eine Benennung der Straßen durch eine Nummernfolge. Das ist wie ein großer Vorratshaufen geordnet, wie eine Registratur.

So gesehen steckt in jeder Großstadt die Organisation der Festlegung von sei es einfachen, sei es komplizierten Regeln. Diese Regeln liegen fest. Wer kann wo mit welchen Traufhöhen in welcher Fluchtlinie ein Haus bauen? Auf welchen Grundstücken kann welche Nutzung vorgesehen werden? Usw. Aber diese Regeln legen nicht fest, wer wo was tatsächlich macht. Sie regulieren das einzelne Ereignis, können es aber nicht produzieren. Offensichtlich müssen die Ordnung und der Ordnungsverzicht, die Entscheidung von Sachverhalten mit der Nichtentscheidung von Sachverhalten zusammengedacht werden, damit eine Großstadt als komplexes Gebilde entstehen kann. Die entstehende Komplexität selber wird nicht von der Verwaltung beherrscht, sondern nur von der Stadt selbst – so wie Gregory Bateson einmal gesagt hat, der einzige Computer, der in der Lage ist, die verschiedenen Strömungen des Ozeans zu berechnen, sei der Ozean selbst.

Sie sprechen in Ihrem Buch vom "Nutzen ungelöster Probleme".

Ungelöste Probleme haben den Nutzen, dass man sie als kleines oder großes Problem mit sich herum trägt, als dauernde Erinnerung an etwas, was man noch nicht im Griff hat. Dies bedeutet, dass man ständig Ressourcen mentaler, aber auch faktischer Art mobilisiert, um sich zu fragen, ob man nicht doch dieses bislang ungelöste Problem lösen kann. Das heißt, man denkt immer auch an etwas anderes als an das, woran man gerade denken will. Und das bedeutet, dass man immer mehr Möglichkeiten hat, auf eine Situation zu reagieren, als es von dieser Situation vielleicht gerade nahegelegt wird. Ich weiß zum Beispiel, dass ich in großen Bereichen der Literatur zu einem bestimmten Thema und zu vielen Themen nicht zuhause bin. So ist mir immer eine Reserve bewusst, wo ich nachschlagen und mich kundig machen könnte, wenn ich ein bestimmtes Problem nicht bearbeiten kann. Ein ungelöstes Problem ist ein Hinweis auf meine eigenen ungenutzten Ressourcen. Damit will ich nicht in Abrede stellen, dass ungelöste Probleme auch blockieren können. Aber auch das kann ein Vorteil sein. Ich werde unempfindlich gegenüber unbedeutenderen, vorübergehenden Problemstellungen.

Unser Hirn arbeitet in Flipflops. Wenn ich etwas denke, bin ich zu. Wenn ich nichts denke, bin ich offen, ich nehme wahr. Und so ähnlich, sagen Sie, wäre das bei Organisationen oder dem Management möglicherweise auch?

Ich würde das etwas anders beschreiben. Ich würde sagen, bei allem, was ich denke, beobachte ich mit, dass ich gleichzeitig anderes nicht denke. Ich schalte nicht nur zwischen Wahrnehmung und Denken hin und her, sondern ich schalte zwischen dem Denken einer Sache und dem Nichtdenken einer anderen Sache hin und her. Und dieses Nichtdenken einer anderen Sache ist die Ressource, die ich irgendwann nutzen kann, die also in diesem Sinne intelligent macht. Diese Ressource kann ich nutzen, um in einer sonst unbewältigbaren Situation vielleicht doch einen Einfall parat zu haben.

Der Manager, von dem Sie sprechen, würde über diese Mentalreservation verfügen: Es gibt eine Möglichkeitsform, sagt er sich; außer dass ich hier entschieden auftrete und zusehe, wie sich andere entschließen, und auf diese Entschlüsse Einfluß nehme, weiß ich, dass es auch noch etwas Drittes gibt. Ich halte eine Reserve in mir zurück.

Die Maxime, die man daraus gewinnen könnte, lautet: So lange du mir dein Zögern nicht zeigst, habe ich keinen Grund, dir zu vertrauen.

News & Stories, Sat1, 9. Mai 1999

Postheroisches Management

Kluge: Wenn sich Unternehmen erinnern, wie tun sie das?

Baecker: Auf vielfältige Art und Weise. Sie erinnern sich, indem sie in die eigenen Bücher schauen und indem sie daran denken, was jeden Morgen passiert, wenn man am Portier vorbei kommt. Es gibt große Unternehmer, die gesagt haben: Ich kann an der Art des Lächelns des Portiers oder des Sekretärs die Tagesstimmung des Hauses ablesen. Diese und andere scheinbare Kleinigkeiten informieren über den Zustand des Unternehmens, obwohl man weiß, dass sie kein vollständiges Bild abgeben können. Hier haben wir es mit einem Gedächtnis zu tun, das man aufruft, indem man ein Gebäude betritt: Worum geht es hier, womit muss man rechnen, wer spielt welche Rolle, was wird von mir erwartet? Die aktuell wieder etwas nachlassende Diskussion über "virtuelle Unternehmen", die ohne "reelle" Gebäude auskommen, ist unter anderem durch die Frage bewegt, worin das Gedächtnis dieser Unternehmen besteht. Das Konzept der "corporate identity" war eine der Antworten auf diese Frage. Man stellt sich vor, dass das Logo des Unternehmens auf jeder seiner Akten, auf jedem seiner Produkte auftaucht und den Kunden, aber auch den Mitarbeiter daran erinnert, an wen er sich bei zukünftigen Geschäften wenden beziehungsweise von wem er eingestellt worden und auch wieder entlassen werden kann.

Was tut ein Manager?

Das Management einer Organisation löst zwei Aufgaben. Die eine Aufgabe besteht darin, zwei Personen Anweisungen zu geben, wie sie miteinander zu arbeiten haben. Hier wird nichts über die Arbeit gesagt, sondern nur darüber, mit wem Kooperation erwartet wird. Die zweite Aufgabe besteht darin, zwei anderen Personen zu sagen, dass sie nichts miteinander zu tun haben. Der Buchhalter braucht nicht auf den Produktentwickler zu achten, er muss warten, bis ein Produkt verkauft worden ist, um es dann angemessen zu verbuchen. Wenn das Management diese beiden Aufgaben angemessen erfüllt, können alle Mitarbeiter der Organisation die Ungewissheiten, die ihre Arbeit betreffen, anhand der Fragestellung bearbeiten, mit wem sie sich abstimmen müssen und mit wem nicht. Auch die Rückfragen an das Management haben dann eine eindeutige Bahnung. Sie nehmen die Form an, sich darüber zu beklagen, mit wem man nicht kooperieren kann, obwohl man es soll, oder mit wem man doch kooperieren müsste, obwohl das nicht vorgesehen ist.

Wenn Sie mir das noch einmal mit einem Beispiel erläutern. Das ist ja ein geordnetes Unterscheidungsvermögen, von dem Sie hier reden.

Unser spontanes Verständnis von Arbeit läuft darauf hinaus, sich eine Aufgabe anzusehen, die verfügbaren Ressourcen an Zeit und Material zu sortieren und mit diesen die Aufgabe zu lösen. Das würde in einem Unternehmen zu nichts führen, weil es keine Aufgabe gibt, die nicht mit anderen zusammenhängt. Englische Unternehmen, um bei meinem Beispiel zu bleiben, legen großen Wert darauf, dass der Buchhalter, der hier gleichzeitig ein Wirtschaftsprüfer ist, ein *accountant*, beim Produktentwickeln oder auch bei einem Geschäftsabschluss mit dabei ist, weil nicht die Entwicklung des Produkts das Entscheidende ist, sondern die Effekte zählen, die damit mit Blick auf Kosten und Nutzen im Unternehmen erzielt werden können. Der Produktentwickler bekommt durch das Management des Unternehmens die Anweisung, die Unterschiede zu beachten, auf die ihn der Buchhalter hinweist, und diese Unterschiede in seiner eigenen Arbeit bereits produktiv werden zu lassen. Die Unterschiede der Buchhaltung spielen bei der technologischen oder ästhetischen Entwicklung des Produkts im engeren Sinne keinerlei Rolle, wohl aber für das Unternehmen insgesamt, das auch in Zukunft noch in der Lage sein will, Produkte entwickeln zu können, sein Schicksal also nicht an das technologische oder ästhetische Raffinement einer Lösung hängen kann. – Die Aufgabe des Managers besteht darin, diese nicht für die einzelne Arbeit, aber für deren Stellenwert im Unternehmen wichtigen Unterschiede bekannt zu machen und für ihre Beachtung zu sorgen. Man spricht deswegen auch vom "management by walking around". Der Manager läuft durch den Betrieb, lässt hier ein Wort fallen und dort ein anderes, damit die Leute merken, dass sie in einem Zusammenhang zueinander stehen, obwohl jeder nur seine eigene Arbeit sieht. Diesen Typ von Management kann man sowohl überdosieren als auch unterdosieren. Ein Vergleich mit dem Gehirn kann das veranschaulichen. Manche Leute können nur produktiv sein, wenn sie sich in einer Umgebung befinden, die etwa so unruhig ist wie ihr eigenes Gehirn und daher diese Unruhe zum einen mitträgt, um anderen jedoch auch absorbiert. Manche Leute können nur arbeiten, wenn im Hintergrund Musik läuft. Das nimmt ihrem Gehirn einen Teil seiner Unruhe ab, indem es "zuhört", und erlaubt dem Rest, sich auf bestimmte Gedanken zu konzentrieren, die keine Chance hätten, wenn sie sich gegen die ganze Unruhe des Gehirns behaupten müssten. Der Manager beunruhigt jeden einzelnen Mitarbeiter; aber diese Beunruhigung leitet den Mitarbeiter bei einer Kontextuierung seiner Arbeit, ohne die er keine Orientierung hätte.

Das Gehirn selber ist doch auch ein Manager, es hat doch Managereigenschaften. Es stört und es stört sich selbst. Es übt Tätigkeiten aus, von denen es nichts weiß, und Tätigkeiten, von denen es weiß.

Ich kenne mich in der neurophysiologischen Forschung nicht wirklich aus, aber mich interessieren Behauptungen wie jene, dass das Gehirn seine Rolle innerhalb des zentralen

Nervensystems nur erfüllen kann, wenn es sich vom Rest des Nervensystems, vor allem den Nervensträngen in der Wirbelsäule, kontrollieren lässt. Oder die These, dass so genannte Mikrotubuli in jedes Neuron eingebettet sind und jedes Neuron umgeben, die nicht für die "digitale" Informationsverabeitung durch die Neuronen zuständig sind, sondern die "analog" das biochemische Milieu modifizieren, Spannungsverhältnisse variieren und so die Bereitschaft beeinflussen, mit der das Neuron so oder anders reagiert. Das Gehirn ist ein Mechanismus, der auf ein zentrales Management im Sinne einer zentralen Steuerung verzichtet und statt dessen hochgradig verteilt und parallel arbeitet.

Das Gehirn ist ein unbürokratisches Organ, kann man das sagen? Es arbeitet im Modus der Selbstregulierung.

Das Gehirn lässt sich noch nicht einmal durch das Bewusstsein stören. Keine bewusste Vorstellung ist in der Lage zu steuern, was sich im Gehirn abspielt. Das könnte man sich auch nur schwer vorstellen. Wie sollte unser Denken dafür sorgen können, dass und wie Abertausende von Neuronen miteinander arbeiten? Wir haben es zwischen Gehirn und Bewusstsein, zwischen der Ebene eines Impulsaustausches zwischen den Neuronen und der Ebene bewusster Wahrnehmungen und Vorstellungen, mit loser Kopplung zu tun, mit einem wechselseitigen Potential der Irritation.

Könnte man sich unter den Menschen eine Organisation vorstellen, die so selbstreguliert ist wie das Gehirn?

Die Stadt wäre ein mögliches Beispiel.

Im Gegensatz zum Dorf, zum Land, zum Gehöft?

Auch die Gesellschaft wäre ein Beispiel, falls es sie gibt.

Die Stadt und die Gesellschaft wären bis ins Extrem parallelisiert?

Ja, das wäre der Test für die Möglichkeit dieses Vergleichs. Haben wir es jeweils mit Verhältnissen zu tun, die unter den Bedingungen der Gleichzeitigkeit ablaufen? Das gälte allerdings auch für das Dorf und das Gehöft. Nur für Maschinen, die strikt sequentiell laufen und "parallel" allenfalls kaputtgehen können, gälte es nicht. In der Gesellschaft jedenfalls läuft sehr viel gleichzeitig, Luhmann hat sogar gesagt, es laufe alles gleichzeitig: Was überhaupt geschieht, geschieht gleichzeitig, denn alles andere ist ja entweder vergangen, geschieht also nicht mehr, oder zukünftig, geschieht also noch nicht. Als Erinnerung und Erwartung gilt jedoch sogar für die Vergangenheit und die Zukunft, dass sie entweder jetzt geschehen oder gar nicht. Diese Gleichzeitigkeit der Kinderversorgung, des Flughafenbetriebs, der Vorstandssitzung, der Behördenarbeit, des wissenschaftlichen Experiments, der künstlerischen Idee und der religiösen Verzweiflung in der Gesellschaft zu nahezu jedem beliebigen Zeitpunkt stört uns natürlich, weil wir uns mit Recht fragen, wer darauf irgendeine Art von Einfluss haben kann, aber sie beruhigt uns auch, eben weil wir keinen Einfluss auf sie haben. Parallel geschieht anderes, Überflüssiges und Notwendiges, während wir hier miteinander reden und gleichgültig, wie wir hier miteinander reden, ob wir uns verstehen oder nicht, ob wir richtig liegen oder falsch.

Eine lebhafte Geistestätigkeit im Kopf kann die Verdauung fördern. Steigert sich dieser Parallelismus wie in einem Gemeinwesen gegenseitig? Tragen wir lebenslang ein Gemeinwesen mit uns herum, an dem wir ablesen könnten, wie Selbstregulation funktioniert?

Man stelle sich nur vor, wir müssten, während wir überlegen, welche Sätze in unserem Gespräch sinnvoll sind, gleichzeitig aktiv dafür Sorge tragen, dass unser Herz klopft, unsere Niere arbeitet und unser Blut in den Adern kreist. Damit wären wir überfordert. Dafür sorgen das Herz, die Niere und der Blutkreislauf selbst – solange alle anderen für sich sorgen.

Sie beschreiben Organisationen als "Mülleimer".

Das ist ein berühmtes Stichwort der Organisationstheorie von James G. March. Im Original ist von einer "garbage can" die Rede, die deutsche Übersetzung spricht von einem "Papierkorb", aber ich denke, der "Mülleimer" trifft es besser. Der Gedanke dahinter ist der folgende: Man stelle sich einen Mülleimer vor, in dem Entscheidungsprobleme, Leute und Stimmungen wild durcheinander zu finden sind. Nichts erinnert an das Modell einer rationalistischen Organisationstheorie, die lineare Sequenzen von Problemen und Leuten, möglicherweise modifiziert durch Stimmungen, annimmt, um zu beschreiben, welches Verhalten in einer Organisation zu erwarten ist. Bei March ist alles gleichzeitig da. Entscheidungen suchen nach den Problemen, die sie lösen können; Themen und Gefühle suchen nach den Situationen, in denen sie zum Ausdruck kommen können; Lösungen suchen nach den Problemen, an denen sie sich zum wiederholten Male bewähren können; und Leute suchen nach den Situationen, die sie mit genau der Arbeit versorgt, die sie sich auch zutrauen. All dies geschieht gleichzeitig und dennoch mit einer hohen Selektivität. Es gibt ein erkennbares Muster des Verhaltens, wenn auch relativ großer Komplexität, obwohl keine Sequenz, keine Logik, keine Hierarchie für Ordnung sorgt. Jeder einzelne Tatbestand, der sich in dieser Mülltonne herumtreibt, gehört zum Milieu aller anderen Tatbestände, so dass nichts geschieht und keine Konstellation sich herausbildet, ohne dass das Milieu jeweils einen neuen Geruch, eine neue Farbe, einen neuen Tonfall annimmt.

Das ist alles andere als ein Chaos. Man würde etwas verwechseln, wenn man sagen würde, die Unruhe darin sei der Motor. Im Gegenteil ist die Vielfalt darin der Motor. Ist das richtig?

"Chaos" ist ein Begriff, den jemand verwendet, der enttäuscht feststellt, dass sich eine Ordnung nicht einstellt, die er erwartet hat. Diese Mülltonne ist hochorganisiert, allerdings kennen wir vielleicht das Muster und die Regeln, können jedoch dennoch nicht die einzelnen Zustände und Ergebnisse dieser Selbstorganisation vorhersehen.

In Ihrem Buch gibt es ein Kapital, das mich besonders interessiert hat: "Seid Bienen wie die Fliegen!" Darin beschreiben Sie zunächst einmal, wie eine Biene im Gefahrenfall eine Problemlösung sucht. Bei der Biene handelt es sich um eine disziplinierte und gebildete Tierart, die Millimeter für Millimeter dort nach einer Öffnung sucht, wo es keine gibt.

Ja, die Geschichte läuft so, dass man einige Bienen in einer Flasche einsperrt, die am Flaschenhals offen ist und nun die Flasche so auf einen Tisch legt, dass der Flaschenboden zur Lichtquelle zeigt. Alle Bienen suchen beharrlich am Flaschenboden nach einem Ausgang.

Weil sie systematisch sind?

Ja, und weil sie glauben, dort, wo es hell ist, müsse der Weg nach draußen führen. Sie sterben vor Hunger oder Erschöpfung, weil sie den Ausweg nicht finden. Sperrt man nun dieselbe Anzahl Fliegen in dieselbe Flasche, die man wieder mit dem Flaschenboden zur Lichtquelle dreht, kann man beobachten, wie die Fliegen aufgeregt, unsystematisch und undiszipliniert hin und her schwirren und zufällig den Ausgang finden.

Weil sie nicht planen.

Ja, und weil sie sich chaotisch verhalten können und untereinander nicht über eine Regulierung verfügen, die dazu führen könnte, dass alle das Gleiche tun. Sie kommunizieren nicht miteinander, sondern sie tun etwas. Und profitieren vom Vorteil des Zufalls. Die Maxime "Seid Bienen wie die Fliegen!" ist dann natürlich paradox. Sie richtet sich an Menschen, denn diese können diszipliniert sein wie die Bienen und umherschwirren wie die Fliegen.

Die Beispiele aus Ihrem Buch, auf die ich Sie hier angesprochen habe, sind Beispiele, die Heiner Müller angestrichen hatte. Er fand sie vielversprechend, er wunderte sich über sie und wollte, dass man ein Gedicht, ein Fragment oder ein Drama aus ihnen entwickelt. Müller ist ja kein Ökonom, sondern ein Dramatiker. Die Geschichte vom gekochten Frosch hat ihn ganz besonders entzückt. Wenn Sie die mal erzählen.

So weit ich weiß, stammt diese Geschichte von Gregory Bateson. Sie findet sich in seinem Buch *Geist und Natur: Eine notwendige Einheit.* Sie handelt von folgendem: Man nehme einen Topf mit Wasser, setze in diesen Topf einen Frosch und stelle diesen Topf auf einen Herd. Diesen Herd schalte man an, mittlere Heizstufe, und erwärme das Wasser langsam. Der Frosch wird von der graduellen Erwärmung des Wassers nichts merken, sondern bei lebendigem Leib kochen. Der Frosch ist als Organismus nicht in der Lage, eine graduelle Veränderung der für ihn lebensrelevanten Umwelt zur Kenntnis zu nehmen.

Er wird sich behaglich fühlen, es für ein heißes Bad halten.

Er wird sich wohl fühlen und keinen Unterschied feststellen.

Und den Moment, in dem er stirbt, versäumen.

Nun nehme man wieder einen Frosch und werfe ihn in bereits kochendes Wasser: Wenn er eine Möglichkeit, herauszuspringen, wird er das sofort tun. Er hat also keinerlei Schwierigkeit, kochendes Wasser zu erkennen. Aber die langsame Veränderung von lauwarmem in kochendes Wasser entgeht ihm.

Und das, sagen Sie, sei eine allgemeine Eigenschaft von Organisationen. Organisationen hätten die größten Schwierigkeiten, eine sich allmählich anschleichende Katastrophe zu erkennen.

Es handelt sich um eine allgemeine Eigenschaft von sozialen Systemen und auch von psychischen Systemen. Systeme haben generell Schwierigkeiten, die Relevanz von Umweltbedingungen für ihr Überleben zur Kenntnis zu nehmen. Mit ihrer Entstehung und Ausdifferenzierung haben sie das zentrale Problem ihrer eigenen Möglichkeit ja bereits gelöst – ihre Existenz ist der beste und durch nichts überbietbare Beweis dafür, dass sie an ihre Umwelt angepasst sind und diese Umwelt ihnen grundsätzlich wohlgesonnen ist, welche Gefahren auch immer im einzelnen in dieser Umwelt lauern. Deswegen fallen uns zwar dramatische Veränderungen der Umwelt, nicht aber schleichende Veränderungen auf. Für letztere sind wir nicht misstrauisch genug. Die Geschichte unserer Anpassung an die Umwelt ist eine Frühgeschichte, nach der zu fragen wir keinen Anlass haben. Die Gesellschaft stellt ihren Modus der Kommunikation grundsätzlich ebenso wenig in Frage wie das Bewusstsein seinen Modus der Wahrnehmung. Und deswegen wissen diese Systeme nichts von den allzu selbstverständlichen Voraussetzungen von Kommunikation und Wahrnehmung.

Wir müssten einen Schützer haben, der neben uns steht und uns warnt, wie Kassandra, und dem wir auch noch gehorchen.

Und da wir niemanden haben, der uns beschützt, müssen wir Messtechniken entwickeln, um uns laufend über die Wassertemperatur zu informieren.

Welche Chance hat Kassandra in unserer Welt, in der Welt der Organisation?

Kassandra fällt als Störenfried aus. Man stellt sie als einen der heutzutage beliebten "Querdenker" ein und stellt sie damit auch gleich still. Kassandra hat keine Chance, weil es nicht darauf ankommt, über den drohenden Untergang zu informieren, sondern darauf, angesichts einer unbekannten Zukunft Gründe zu liefern, um das Unbegründbare zu tun.

Auch in Troja hatte Kassandra keine Chance. Sie hatte den Untergang vohergesagt und vor allem gewarnt, was es gab.

Unternehmen verfügen heute über sogenannte Szenariotechniken, die von der Firma Shell entwickelt worden sind. Da werden günstige und ungünstige Entwicklungstrends abhängig von verschiedenen kontingenten Faktoren der politischen, wirtschaftlichen und technischen Umwelt beschrieben und wird auch immer ein so genanntes "worst case"-Szenario entworfen. Dieses übernimmt die Kassandrafunktion. Interessanterweise zieht dieses "worst case"-Szenario, sobald es bekannt ist, die Aufmerksamkeit vom möglichen Untergang ab und wendet sie stattdessen den Bedingungen einer günstigeren Entwicklung zu. Das Eintreten des schlimmsten Falles hat zwar eine gewisse Wahrscheinlichkeit, aber gemessen an ihm sind andere Fälle mindestens ebenso wahrscheinlich, wenn nicht wahrscheinlicher. Wenn man den *worst case* kennt, kann man das

Beste hoffen und ist vor allem anderen gewarnt. Und darauf scheint es anzukommen.

Management ist die Fortsetzung der Literatur mit anderen Mitteln. Ein Satz frei nach Clausewitz, den Heiner Müller in Ihrem Buch unterstrichen hat. Dieser Satz hat ihm gefallen. Er würde sich zwar wünschen, dass Literatur die Fortsetzung des Managements mit anderen Mitteln ist, da er dies jedoch nicht sagen kann, findet er Ihren Satz gut. Würden Sie ihn mir noch einmal interpretrieren?

Literatur wie Management haben es mit dem Problem zu tun, verschiedene Werte daraufhin zu überprüfen, ob und inwieweit wir uns noch auf sie verlassen können. Darüber hinaus ist die Literatur immer wieder damit beschäftigt, uns vorzuführen, wie blind wir gegenüber den Situationen sind, in denen wir stecken. Wer einen Roman liest oder einem Theaterstück auf der Bühne folgt, kann sehen, dass die Protagonisten auch dann noch heiße Liebesschwüre von sich geben, wenn keine Chance mehr besteht, dass sie erhört werden. Als Beobachter sieht man, dass es für die Protagonisten bessere Gründe gibt, ihre Chancenlosigkeit nicht zur Kenntnis zu nehmen, als sie zur Kenntnis zu nehmen. Offensichtlich ist das Festhalten an einer einmal gefundenen Identität leichter als die Umstellung auf eine neue Situation. Der Beobachter, dem dies auffällt, ist ein Beobachter zweiter Ordnung, der dank der ihm im Roman und auf der Bühne vorgeführten Beobachter lernt, auch sich selbst, sobald er mitten in einer Situation steckt, für blind zu halten. Er beginnt sich umzuschauen und stellt fest, dass er ebenfalls von Beobachtern zweiter Ordnung umgeben ist. Wenn ich jedoch weiß, dass ich immer nur begrenzt weiß, was ich tue, macht es Sinn, meine Beobachter zweiter Ordnung daraufhin zu beobachten, was diese über mich wissen, was ich nicht weiß. Das klingt kompliziert, ist es aber nicht. Es gehört zu den Dingen, die wir beherrschen, ohne zu wissen, dass wir sie beherrschen. Das Management ist unter diesem Gesichtspunkt nichts anderes als die Fortsetzung der Literatur mit anderen Mitteln, weil der im Betrieb auftretende Manager von allen Mitarbeitern daraufhin beobachtet wird, wie er jeden einzelnen Mitarbeiter beobachtet und auf das reagiert, was er tut oder nicht tut. Am Manager, den ich daraufhin beobachte, dass und wie er mich beobachtet, lerne ich etwas über den Betrieb, in dem ich stecke und der von meiner Arbeit noch einmal etwas anderes erwartet, als ich selbst von ihr erwarte.

"Beobachtung zweiter Ordnung" ist ein Begriff, den Niklas Luhmann geprägt hat. Wenn Sie mir das noch einmal an einem konkreten Beispiel beschreiben würden, vielleicht einmal im Intimbereich und dann im Wirtschaftsbereich.

Luhmann hat diesen Begriff in der Auseinandersetzung mit der sogenannten Kybernetik zweiter Ordnung, der Kybernetik Heinz von Foersters entwickelt. Vielleicht kann man den Begriff mit einer Situation veranschaulichen, die an der Schnittstelle von Intimität und Betrieb liegt. Stellen Sie sich vor, Sie haben einen anspruchsvollen Beruf in der Geschäftsführung eines Unternehmens oder in der wissenschaftlichen Forschung, der sie laufend mit Zwangslagen konfrontiert, mit denen Sie so oder so zurechtkommen müssen. In dieser Situation kann es hilfreich sein, den Ehepartnern oder Kindern abends etwas von diesen Zwangslagen zu erzählen, und zwar nicht, um sich als Held der Arbeitswelt zu inszenieren und vielleicht etwas von der im Betrieb oder in der Forschung eher prekären Autorität dann wenigstens in der Familie nutzen zu können, sondern um vom Ehepartner oder von den Kindern spontane Reaktionen zu erfahren. Ehepartner und Kinder sind Beobachter zweiter Ordnung. Sie stecken nicht in derselben Zwangslage, sondern achten darauf, mit welcher emotionalen Intensität man von dem Fall erzählt oder auch das Problem zu verstecken sucht, mit dem man es in diesem Fall zu tun hat. An ihren Reaktionen kann man feststellen, dass man sich unwissentlich längst in einer Stress-Situation befindet, die ja dadurch gekennzeichnet ist, dass man die wirkliche Herausforderung herunterzuspielen versucht. Man stellt fest, dass die eigene Sichtweise gar nicht verstanden wird, und kann daraus Schlüsse ziehen. Oder man stellt fest, dass man bemitleidet wird und daher vielleicht ein ganz anderes Problem hat als man dachte.

Angesichts der Intensität, mit der man etwas erzählt, stellt man fest, wie sehr man, mäuseartig eingebaut in seine Laufbahn, irrt.

Man steckt ja voll und ganz drin und weiß dennoch, dass man einen anderen Blick auf sie benötigt, um morgen nicht wieder mit derselben Reaktion aufzuwarten, die heute bereits zum Problem eher beitrug als es löste.

Es geht um eine Art Verfremdung, nur etwas anders angewendet als bei Brecht?

Ja, es geht um die Unterbrechung der Handlung zur Geste, wie man mit Brecht sagen könnte. Die Kinder erkennen die Gesten, auch wenn sie von den Handlungen nichts wissen. So kann man lernen, die Geste zu variieren, und erschließt sich dadurch andere Handlungsmöglichkeiten.

Ein Manager kommt mit Grippe und time lag von einer Reise zurück. Auf ihn wartet seine Geliebte, die gebadet hat und vorbereitet ist, um ihm zu gefallen. Beschreiben Sie mir doch einmal den Konflikt, der jetzt entsteht. Welche Chance hat Zuwendung in dieser Situation?

Ich könnte mir vorstellen, dass es in dieser Situation sehr helfen würde, wenn man sich als heroischer Manager darstellen könnte. Man muss eigenwillig reagieren dürfen, um den Konflikt riskieren zu können, auf der einen Seite zu sagen, ich bin bei dir und du riechst wunderbar, auf der anderen Seite jedoch sich zurückziehen zu können, Musik zu hören, die Zeitung zu lesen und sich schlafen zu legen. Nur das Angebot, dieses Verhalten als Zeichen der Stärke und nicht der Schwäche des Managers auszulegen, ermöglicht es der Geliebten, sich gewürdigt zu sehen, obwohl sie missachtet wurde.

Hier wäre Schwäche eine Stärke? Ich zeige meine Schwäche, dass ich jetzt nicht kann, krank bin und daher für das hohe Gefühl und die Tonart der Gegengeschlechtlichkeit nicht zu haben bin, und wirke dennoch stark?

Die Schwäche wird gar nicht gezeigt. Es wird Stärke an den Tag gelegt, indem man eigenwillig reagiert und daraus eine kleine Inszenierung des heroischen Managers macht. Dadurch, dass er nicht wie erwartet auf die gebadete und gepuderte Geliebte reagiert, stellt der Manager Individualität und Eigensinn unter Beweis, also genau das, was ihn zu einem großen Manager macht. Die Geliebte kann gar nicht anders, als davon geschmeichelt zu sein, dass sie die Ehre hat, Adressatin und Zeugin dieses Verhaltens zu sein.

Jetzt geben Sie mal der jungen Frau die Rolle der Managerin. Sie ist die Managerin ihres Lebens, ihrer Liebesbeziehung. Was macht sie, verhält sie sich auch eigenwillig?

Ja.

Wie wird sie eigenwillig? Indem sie verzichtet?

Indem sie dort, wo man sie für verlässlich hält, eine Unverlässlichkeit vorführt, diese jedoch als Zeichen verlässlichen Eigensinns einführt. Vielleicht geht es darum, erratisch zu sein.

Was nennt man "erratisch"? Muss man sich das so vorstellen, wie ein Findlingsblock, der durch Gletscher woanders hingerückt wurde, als wo er entstand?

Unter einem erratischen Verhalten verstehe ich etwas eigenwillig die Fähigkeit, Erwartungen zu unterbrechen, das heißt sie zu enttäuschen und andere an ihre Stelle zu setzen. Man tut etwas, womit zuvor niemand gerechnet hat, bietet aber genau damit neue Anschlüsse. Aber Sie haben natürlich Recht, ursprünglich heißt erratisch "verstreut, verirrt". In Zwangslagen kann erratisches Verhalten – ein Verhalten, mit dem man sich irrt – eine Verhaltenstechnik sein, um die Fähigkeit zu eigensinnigem Handeln unter Beweis zu stellen.

Es hat aber mit einem Moment der Blindheit, des Schattens zu tun. Man trifft eine unerwartete Entscheidung, indem man die Wahrscheinlichkeit unterbricht.

Möglicherweise ist man nur dann in der Lage, sich erratisch zu verhalten, wenn man zur Kenntnis genommen hat, dass man die Situation nicht mehr bewältigt.

Wenn man es zugeben kann.

Zumindest vor sich selbst, nicht unbedingt vor dem anderen.

Ataraxia war ja eine der Tugenden der Stoa: unerschütterliche Ruhe, Gleichmäßigkeit, Zuverlässigkeit, Treue gegen Treue, das sind historische Tugenden einer philosophischen Schule, die von Praktikern akzeptiert wurde. Wenn Sie dies einmal mit den Forderungen vergleichen, die man an ein modernes Management stellt.

Das ist das genaue Gegenteil dessen, was man heute fordert. Heute fordert man ja Erratik. Die stoischen Tugenden beschreiben als eine Art "preadaptive advance" – also als eine Erfindung, die man zu dem Zeitpunkt, als sie auftrat, noch gar nicht brauchte – allenfalls das routinierte, nicht irritierbare Handeln von Organisationen. Im Management hingegen geht es eher darum, die Beunruhigung an den Tag zu legen, die die Organisation nicht nötig zu haben glaubt.

Es geht um die Kunst sich zu arrangieren. Wenn der Tod kommt, darf ich nicht erschrecken. Wenn ich untergehe, weil der Herrscher übermächtig ist, richte ich mich schon jetzt darauf ein.

Ich verhalte mich bereits als "Organisation", obwohl alles dagegen spricht, dies Verhalten aufrechterhalten zu können.

Autonomie ist das Kernstück der Stoa. Und dies wäre nicht das Kernstück eines intelligenten Managements?

Der Manager ist derjenige, der sieht, dass man in turbulenten Situationen mit einem stoischen Verhalten in Probleme gerät. Er bleibt nicht ruhig und gelassen, sondern produziert schon jetzt die Störungen, die für morgen zu erwarten sind, damit die Organisation rechtzeitig lernt, darauf zu reagieren.

10 vor 11, RTL, 7. Juni 1999

Besuch im Intelligenzpark

Kluge: Wie würden Sie als Hochschullehrer, der lehrt und publiziert, Ihren Beruf denken?

Baecker: Ich würde mich zunächst einmal als Forscher und dann etwas spezifischer als Soziologen bezeichnen. Aber das ist nicht unbedingt dasselbe. Der Forscher versucht, sich so zu positionieren, dass er Dinge entdecken kann, die man unvorbereitet nicht entdecken kann. Der Soziologe muss dabei auch noch sich selbst beobachten, um in Rechnung zu stellen, welche Positionierung diese und nicht andere Erkenntnisse möglich macht. Er kann sich nicht auf eine objektive Form der Beobachtung berufen, weil er sich selbst als Teil des Gegenstandes begreifen muß, den er beobachtet. Jede Soziologie der Gesellschaft ist ein gesellschaftliches Unternehmen.

Neugier und Horizont sind erklärungsbedürftig.

Der Soziologe bringt eine Theorie oder eine Methode zum Einsatz und verfremdet damit die Situation, die er beobachtet, gegenüber dem Blickwinkel dessen, der sie ohne diese Theorie und Methode erlebt, vielleicht aber viel genauer ihre Zukunftsoffenheit erfährt als der Soziologe. Theorie und Methode sind Waffen der Forschung, machen jedoch zugleich wehrlos gegenüber einer Situation, die vielleicht eher Gestaltung als Beobachtung erfordert. Der Forscher geht die Handlungsrisiken nicht ein, deren Beobachtung ihn in die Lage versetzen würde, das Potential einer Situation zu erkennen. Man kann sich dies am Unterschied von Künstler und Kunsthistoriker deutlich machen. Während der Künstler bis zum Schluß damit beschäftigt ist, herauszufinden, wie er die bereits vorgenommenen Festlegungen so variieren kann, dass das Werk gelingt, hat es der Kunsthistoriker mit dem bereits abgeschlossenen Werk zu tun, das die Art und Weise, wie es seine Risiken bewältigt, versteckt. Wie also, so müssen sich die Forscher, Soziologen und Kunsthistoriker fragen, kann man Situationen und Werke unter dem Gesichtspunkt ihres Risikos und der Art ihrer Bewältigung beobachten?

Was machen die ersten Forscher? Was sind sie? Das sind ja Planetenbereiser.

Ein Forscher ist bereits derjenige, der in der Lage ist, in einer Situation zu zögern und dieses Zögern in der Situation fruchtbar zu machen. Das kann jemand sein, der sich als Schamane darüber wundert, wie sich seine Mitmenschen verhalten, und sie verblüfft, indem er sie mit den Konsequenzen ihrer eigenen Handelns konfrontiert. Das kann auch jemand sein, der danach fragt, was sich hinter der nächsten Biegung des Weges verbirgt, oder jemand, der nach neuen Jagdtechniken sucht.

Muss der Forscher etwas erobern? Muss er Karten zeichnen, navigieren können?

Er muss nach außen oder nach innen schauen können. Der Zauberer ist ein Entdecker sinnlicher Komplikationen...

Ein uralter Beruf ...

Denken Sie an Thales, der im Brunnen sitzt und am unverrückbaren Brunnenrand vorbei die Bewegung der Sterne verfolgt. Die Magd lacht ihn aus, weil sie denkt, er sei in den Brunnen hineingefallen. Tatsächlich hat hier jedoch jemand die Entdeckung gemacht, dass man Bewegungen nur im Vergleich mit etwas Unbewegtem erkennen und vermessen kann. Das ist die typische Forschergeste. Der Forscher wird ausgelacht, weil die anderen nicht erkennen, dass seine merkwürdige Positionierung dazu nötig ist, etwas zu sehen, was die anderen nicht sehen.

Während dies ein uraltes Verhalten von Menschen ist und schon in der Steinzeit vorgekommen sein könnte, ist der Soziologe etwas Neues, eine moderne Erscheinung.

Der Soziologe taucht erst mit der Industrialisierung auf. Er ist jemand, der die Frage stellt, wie die entschieden instabile Situation des historisch unvergleichbaren Wirtschaftswachstums der Industrialisierung inklusive der Verwirrung, Zerstörung und Umformung der gewohnten sozialen Verhältnisse durch den Siegeszug des Geldes ihrerseits eine stabile Entwicklungsdynamik aufweisen kann. Der Soziologe interpretiert die Instabilität als Stabilität, er spricht von einer "dynamischen Stabilisierung", während alle anderen Beobachter die Instabilität entweder als Katastrophe sehen, der durch eine Revolution ein Ende zu setzen ist, oder als Fortschritt, der jedes Opfer rechtfertigt. Der Soziologe beobachtet eine Situation, die theologisch und geschichtsphilosophisch bereits interpretiert ist, und findet in der Fähigkeit der Gesellschaft, selbst in der Unordnung wieder eine Ordnung zu finden, seinen Brunnenrand, der ihn die Dinge anders vermessen lässt, als es der Theologe oder Geschichtsphilosoph vermögen.

Die Fragestellung des Soziologen ist weder die des Theologen noch die des Geschichtsphilosophen?

Der Soziologe sieht, dass die Destabilisierung ihrerseits stabil ist. Die Industrialisierung vollzieht sich im Kapitalismus in der Gestalt eines "runaway system", das heißt eines Systems, das sich stabilisiert, indem es über positive Rückkopplung jede Abweichung verstärkt und diese positive Rückkopplung als Ordnung, als erwartbares Muster, als Solidität der Gesamtlage behauptet.

Und der Fortschrittsoptimismus richtet denselben Gedanken nach vorne. Wie kommt es zu diesem Optimismus, der ja eine Vorsichtsmaßnahme ist, der den Blick verstellt, etwas zubaut, also nicht ungefährlich ist? Wozu dient dieser Optimismus?

Der Optimismus ist die negative Rückkopplung, die jeden Verzicht auf positive Rückkopplung negativ sanktioniert, also ein Kontrollprinzip, das den Verzicht auf Kontrolle verlangt und dafür keine anderen Gründe hat als den Glauben an die Fähigkeit der Gesellschaft zur Selbstorganisation.

Sie zitieren immer wieder Leute, die nicht unbedingt Soziologen sind. Zum Beispiel Gregory Bateson mit seiner "Ökologie des Geistes". Wer ist dieser Mann, was denkt er?

Bateson ist einer der großen Magier des zwanzigsten Jahrhunderts. Er hat das Stichwort der Ökologie in zwei Versionen verwendet, deren eine dem nahekommt, die wir im Alltagsgebrauch auch verwenden, und deren andere ungewöhnlich scheint, aber nur eine Voraussetzung der ersten offenlegt. Nach der ersten Version bedeutet "Ökologie", dass alles mit allem zusammenhängt und dass dieser Zusammenhang letztlich das Ganze eines oikos ausmacht, auch

Gregory Bateson

wenn dieser Zusammenhang im Einzelfall für uns nicht erkennbar ist. Das ist das Denken nicht zuletzt auch des New Age, eines gewissen holistischen, ganzheitlichen Mystizismus, der Bateson durchaus als Vordenker in Anspruch nehmen darf.

Wobei es das menschliche Organ, das dieses Ganze zu sehen vermag, nicht gibt.

Genau, und dies schon deswegen nicht, weil es sich, da es Teil des Ganzen ist, dann ja mitsehen könnte. Es sieht sich jedoch nicht, und kann sich auch nicht sehen, wenn es überhaupt etwas sehen will, und sieht daher auch nicht das Ganze. Darin liegt bereits die Einsicht der zweiten Version des Ökologismus: Das Ganze kann nur in der Form der Differenz dessen, was da miteinander zusammenhängt, vorliegen. Die Einheit, würde man mit Goethe sagen, liegt im Auge des Betrachters; sie wird in der Welt, die man sich anschaut, nicht eigens repräsentiert, sondern ist die Einheit der Vielfalt, die als Erkenntnisprinzip zugleich eine Lebenslehre formuliert.

Alles, was das Leben oder die Evolution hervorgebracht haben, ist bereits eine Antwort auf die Frage nach der Einheit?

Man sucht nach einem Generierungsprinzip, das im Ganzen wirksam ist, eine Art Urform des Ganzen, noch einmal mit Goethe. Soziologisch ist das schwer nachvollziehbar, obwohl es auf eine differenzierungstheoretische Fragestellung verweist, die sich in der Soziologie ebenso wiederfinden lässt wie in der Biologie und die ihren deutlichsten Ausdruck vielleicht in der Embryologie, der Lehre von der Entfaltung des Komplexen aus dem Einfachen gefunden hat. Die zweite Fassung der Fragestellung von Bateson ist vielleicht nur die andere Seite derselben Medaille, jedoch empirisch auf den ersten Blick einfacher zu handhaben. So sehr die Amöbe mit mir etwas gemeinsam haben mag, so sehr muss sie sich von mir und ich mich von ihr unterscheiden, damit dieser Vergleich überhaupt angestellt werden kann. Niemand käme ja auf die Idee, dass wir dasselbe sind. Wie also, so fragt Bateson, wird ein Krebs zu einem Krebs und wird ein Schizophrener zu einem Schizophrenen? Welchen Unterschieden verdanken sie ihre Unterscheidbarkeit? Und wie sichern diese Phänomene ihre Unterschiede? Der Schizophrene arbeitet ja selbst an seiner Schizophrenie mit. Er macht den Unterschied, der er ist, und kann zuweilen genau darin so raffiniert sein, dass es dem Therapeuten schwer fällt, seine Normalität von der des Schizophrenen zu unterscheiden. Alle diese Formen des Lebens haben miteinander gemeinsam, dass sie Unterschiede treffen. Als Ergebnis dieser Unterschiede jedoch unterscheiden sie sich.

Wie bei einem Rhizom, um eine andere Vorstellung zu nennen, hat etwas aufeinander Bezug, doch den Bezug kann man nicht sehen. Es lebt miteinander und ineinander und kann doch so verschieden sein wie eine Orchidee und das Insekt, das von der Orchidee angelockt wird.

Bateson denkt nicht mehr strukturalistisch, sondern operativ. Ihn interessieren weder die Oberfläche noch die Tiefe eines Phänomens, sondern nur die Frage, ob es einen Rechenmechanismus gibt, mit dessen Hilfe ich Unterschiede aus Unterschieden ableiten kann, bis ich die Maserung eines Schildkrötenpanzers oder das Verhalten eines Schizophrenen Schritt für Schritt nachvollziehen kann.
Warren McCulloch, ein anderer der Gründerväter der Kybernetik, hat einmal gesagt, bevor er kybernetisch hätte arbeiten können, hätte er es erst einmal lernen müssen zu zählen: nämlich so zu zählen, wie eine wachsende Pflanze, ein sich drehendes Schneckengehäuse sich selber zählen, wenn sie wachsen beziehungsweise sich drehen.

Und "Ökologie des Geistes" heißt hier was?

Mit der Ökologie des Geistes versucht Bateson das Rätsel zu lösen, wie man angesichts der operationalen Trennung von Bewusstsein auf der einen Seite und Kommunikation, verstanden als sozialem System, auf der anderen Seite, auf die Idee kommen kann, dass ein "Geist" sowohl für das Bewusstsein als auch für die Kommunikation eine Rolle spielen kann. Was unterscheidet sich hier so, dass es auf beiden Seiten des Unterschieds eine Rolle spielen kann? Der Geist überbrückt die Differenz von Psyche und Kommunikation, die operational nicht überbrückt werden kann. Der Geist ist eine Erfindung der Kommunikation, mit der diese sich

Warren McCulloch

vorzustellen versucht, was im Bewusstsein passiert, und auch gleich ein durchaus diskriminierendes Bild dieses Bewusstseins entwirft, zugleich jedoch ein Angebot an das Bewusstsein, sich selber zu verstehen und sich den Erwartungen der Kommunikation zu bequemen.

Bateson würde es gut finden, von einem Verständnis zu reden, das auf grundlegenden Missverständnissen beruht, die es aber immerhin ermöglichen, dass etwas überhaupt miteinander in Berührung kommt?

Ja, genau. Wir brauchen Missverständnisse, aber auch Unverständlichkeit im romantischen Sinne, um operative Schließungen miteinander kombinieren zu können.

Es gibt eine Unbestimmtheitsregel, nach der ich bei Verständigungen einen hohen Grad an Unbestimmtheit brauche und diese zum Vehikel des Ausdrucks mache. Warum braucht man einen gewissen Grad an Blindheit, um sehen zu können?

Ich kann zwar über das reden, was in meinem Bewusstsein vor sich geht, kann aber mein Bewusstsein nicht zum Ausdruck bringen, ohne mich damit auf eine Kommunikation einzulassen, die etwas anderes ist als mein Bewusstsein. Die Unbestimmtheitsregel hält die Erinnerung an die Unzugänglichkeit des Bewusstseins wach.

Ein Römer sagte, er wisse zwar, dass er sterblich sei, lasse sich dies jedoch jeden Morgen von einem Sklaven noch einmal sagen. Kann ich das aufs Denken übertragen, indem ich sage, dass ich zwar weiß, dass ich mich nach Regeln irre, jedoch bereits in dem Moment unvorsichtig werde, in dem ich mir vornehme, vorsichtig zu üben?

Eine andere Form dieses Gedankens ist das klassische liberale Bild, dass ich meine Freiheit und die Freiheit meines Gegenübers, also unser beider Unverständlichkeit, akzeptieren muss, um einen Kontakt zwischen uns beiden zu ermöglichen. Wenn ich mit zu sehr strukturierten und strukturierenden Erwartungen auf den anderen zugehe und ihm signalisiere, dass ich schon weiß, was als nächstes kommt, kommt zwischen uns nichts zustande.

Kann ein guter Denker nach Bateson, der sich ökonomisch verhält, nur Netze legen und hoffen, dass etwas hineingerät, aber nicht aktiv strukturierend forschen?

Er kann versuchen, scharf zu beobachten, und wird feststellen, dass das sehr schwer ist. Bateson hat dies an Delphinen, aber auch an Schizophrenen erprobt. Wie muss man

Delphine beobachten, wenn man herausfinden will, ob diese sich sozial verhalten, das heißt sich über die Unterstellung von Freiheitsspielräumen kontrollieren? Muss man dazu ins Wasser? Oder gerade nicht? Darf man mit den Delphinen spielen? Oder lieber nicht?

Wenn Sie eine Waffenkunde der Forschung beschreiben würden, über welche Waffen verfügt der Beobachter, Waffen des Aufschreibens und Beschreibens?

Seine Waffe ist das Treffen einer Unterscheidung. Die muss er jedoch erst einmal herausfinden, und dazu verwendet er Schrift. Er führt Protokoll, um herauszufinden, welchen Unterscheidungen er welche Beobachtungen verdankt. Es geht nicht nur darum, hinterher zu wissen, was er vorher gesehen hat. Sondern es geht darum, hinterher feststellen zu können, wie er vorher sehen konnte, was er gesehen hat. Denn heute sieht er etwas anderes und muss daher wissen, warum er heute anders sieht und etwas anderes sieht als gestern. Er kann zwar auch annehmen, dass sich der Gegenstand heute anders verhält als gestern. Aber diese Annahme würde ihm keine Forschung ermöglichen. Zum Forscher wird er erst, wenn er annimmt, dass der Gegenstand derselbe ist, er jedoch anders, das heißt mit Hilfe einer anderen Unterscheidung, beobachtet. Seine Waffe, könnte man auch sagen, ist seine Fähigkeit der Gegenstandsbeobachtung im Spiegel der Selbstbeobachtung.

Er beobachtet das Reich des Subjektiven und des Objektiven immer gleichberechtigt? Und das ist das Ökologische, die Balance daran?

Das Ökologische hebt die Subjekt/Objekt-Differenz streng genommen sogar auf. Denn der Forscher ist für sich zugleich ein Objekt in der Situation des Forschungsprozesses; er macht sich als Subjekt seiner Beobachtung zum Objekt seiner Beobachtung. Zugleich wird er seine Objekte unter der Prämisse beobachten, dass diese, Delphine zum Beispiel, Subjekte ihrer eigenen Beobachtungen sind. Er verwickelt sich in einen epistemologischen Zirkel von Subjekt und Objekt, aus dem er nur herausfindet, indem er eine Unterscheidung findet, mit deren Hilfe er dann beobachtet.

Könnten Menschen allgemein so raffiniert oder so reflektiert leben? Könnte sich der Forscher, der ja in jedem Menschen, in jedem Kind angelegt ist, zu einer Menschheit ausbilden, die behutsamer vorgeht als die bislang bekannte?

Nicht nur jeder Mensch ein Künstler, nach Beuys, sondern, mit Bateson, jeder Mensch ein Forscher? Das stimmt zumindest insofern, als jeder Mensch mindestens in der Lage ist, eine Situation, in der er drinsteckt, als eine Situation zu beobachten, die durch eine andere Situation abgelöst werden wird. So faszinierend das Musikstück, das er gerade hört, das Buch, das er gerade liest, oder die Liebesgeschichte, in die er gerade verstrickt ist, auch sein mögen, er weiß, dass es danach andere Situationen geben wird. Und er leidet darunter, sieht sich dadurch jedoch auch in einem hohen Maße entlastet. Vielleicht ist dieses Wissen vom Unterschied, den eine Situation macht, ein Anhaltspunkt für die Forschergeste. Ausreichen wird dieses Wissen nicht. Das Entscheidende fehlt, nämlich die Fähigkeit, nicht nur Unterschiede zu beobachten, sondern den Unterschied, den sie machen. Erst wer nicht mehr essentialistisch auf Personen und Situationen, sondern funktional oder operativ auf die Unterschiede zurechnet, die sie machen, nimmt die Haltung des Forschers ein. Und selbst das genügt noch nicht, denn jetzt käme es auch noch darauf an, sich anschauen zu können, welche Variationsbreiten das Identische hat, das heißt welche Unterschiede ein Unterschied machen kann und welche nicht.

Ein anderer Name, der bei Ihnen des häufigeren auftaucht, ist Arthur O. Lovejoy.

Lovejoy hat mit seinem 1936 erschienenen Buch über "Die große Kette der Wesen" eine der zentralen Ordnungsfiguren des mittelalterlichen Denkens beschrieben. Mit dieser Figur stellte man sich vor, dass jedes bekannte Wesen innerhalb einer Hierarchie über einen genau bestimmten Platz verfügte, Gott und die Engel die höchsten Plätze, Männer und Frauen irgendwo in der Mitte, dann Schlangen und ganz unten Steine. Augustinus hatte die Vorstellung, dass es gut wäre, wenn jedes Wesen seinen Platz kennen und wissen würde, welches Wesen über ihm und welches unter ihm zu finden ist.

Wenn ich diese Unterscheidung habe, habe ich Ordnung. Eine prästabilierte Harmonie. Das ist ein Leibniz'scher Gedanke, von dem Sie jetzt berichtet haben.

Ja, aber das Interessante an dem Gedanken ist meines Erachtens nicht, ob er zutrifft oder nicht, sondern dass man auf der Grundlage der Idee einer durch die Schöpfung garantierten perfekten Ordnung anfangen kann, darüber zu streiten, ob die Schlange nun ganz unten hingehört oder doch vielleicht weiter nach oben. Man beginnt zu vergleichen, fragt nach den Kriterien der Unterscheidung und Rangordnung, entdeckt die Unterschiedlichkeit der Perspektiven, unter denen man etwas bewertet und variiert damit anhand desselben Gedankens die eigenen Weltbeobachtungen, obwohl das Ordnungsmuster der großen Kette der Wesen Fragestellungen dieses Typs ja gerade erübrigen, weil entscheiden sollte.

Man entwickelt ein Interesse an Rangerhöhungen, führt Bewegung ein?

Ja, denn vielleicht gehört die Schlange ganz nach oben, immerhin hat sie dem Menschen die Selbsterkenntnis gebracht, wenn auch um den Preis des Verlusts des Paradieses. Man entdeckt die Kriterien der Rangordnung, stellt sie in Frage und entwickelt neue, immer im Interesse der Abstimmung von Beobachtungen mit dem Schöpfungsgedanken. Damit beginnt ein reichhaltiges und zunehmend reflexionsfähiges Kategorisierungs- und Katalogisierungsdenken in Gattungen und Unterscheidungen, das der Scholastik und dann auch der Wissenschaft zugrundeliegt und auch dann noch seine Gültigkeit behält, wenn längst niemand mehr versucht, den Gedanken der große Kette der Wesen ernst zu nehmen.

Wann hat Lovejoy gelebt?

Lovejoy lebte von 1873 bis 1962. Das Buch *The great chain of being* ist aus den William James Lectures hervorgegangen, die er 1933 an der Harvard University gehalten hat. Lovejoy war dann einer der wichtigsten Vertreter der so genannten Ideengeschichte.

Er ist hier ja ebenso als Dichter wie als Philosoph tätig. Der Grundgedanke scheint zu sein, dass man aufgrund der Einführung falscher Ordnungen zu interessanten Unterscheidungen kommt. Wenn man jedoch für richtig gehaltene Ordnungen einführt oder Unordnung, gewinnt man nichts Zusätzliches. Ich kann eigentlich nur mit einer Straßenkarte von London den Harz durchwandern. Ist das so gemeint?

Wenn mir die Straßenkarte von London Namen liefert, mit denen ich mir die Hügel, Lichtungen und Baumgruppen des Harz vertraut mache, könnte das vielleicht so gemeint sein. Aber es müßte auch möglich sein, in die Karte von London Örtlichkeiten einzuzeichnen, für die es im Harz Entsprechungen gibt, die ich jedoch in London vergeblich suchen würde.

Es gibt einen Namen, der bei Ihnen und auch bei Luhmann sehr häufig vorkommt, George Spencer-Brown. Nicht jeder kennt ihn. Wenn Sie mir einmal beschreiben würden, was das für ein seltsamer Mann ist. Maturana nennt ihn ebenfalls.

Ich glaube, dass man behaupten kann, dass Heinz von Foerster ihn entdeckt hat, zumindest hat er ihn für die Systemtheorie entdeckt. Er hat die erste Rezension des 1969 von Spencer-Brown publizierten Buches *Laws of Form* ge-

Georg Spencer-Brown

schrieben und in Stewart Brands *Whole Earth Catalogue* veröffentlicht. Ich habe 1993 die Rezension in meinem kleinen Sammelband *Kalkül der Form* auf deutsch veröffentlicht. Die englische Ausgabe des Buches von Spencer-Brown war schnell vergriffen. 1972 gab es eine erste amerikanische Ausgabe, die 1977 nachgedruckt wurde. 1979 und 1994 gab es zwei Taschenbuchausgaben, die ebenfalls vergriffen sind, die man jedoch in den Antiquariatsläden der Universitätsstädte noch relativ lange finden konnte. Die einzige Ausgabe, die international verfügbar ist, ist die deutsche Übersetzung von 1997, in der sich auch weitere Texte finden, darunter sein Beweis des Vierfarbentheorems, den bis heute wohl

niemand verstanden hat, und ein herrlicher Bericht Spencer-Browns von seinem Versuch, Bertrand Russell die Laws of Form beizubringen. Er fuhr dazu 1965, Russell war dreiundneunzig Jahre alt, mit dem Zug von London an der walisischen Küste entlang nach Penrhyndeudraeth, trifft dort "Bertie" Russell in seiner Villa, in der er mit seiner Frau lebte, und versucht ihn, der jeden Tag seine Flasche Whisky trank, mit dem Kalkül vertraut zu machen. Das klappte erst, als beide sich eingestanden, schlechte Mathematiker zu sein. Als Russell schließlich verstanden hatte, worum es ging, und ihm gratuliert hatte, tranken beide weiter, bis Russell Ansprachen deklamierend durch den Raum schritt und ein riesiges Bücherregal über ihm zum Einsturz brachte, an dem er sich festhalten wollte, als er das Gleichgewicht verlor.
Spencer-Brown ist Mathematiker, der bei Ronald D. Laing Psychotherapie betrieben haben soll, ein Schachgroßmeister ist und einen Segelflugweitstreckenrekord hält. Auf die Idee, den Formkalkül zu entwerfen, der in den Laws of Form dargestellt wird, kam er, nachdem er mit seinem fiktiven Bruder James für British Railways eine Zählmaschine gebaut hatte, die mit imaginären Zahlen rechnet. Ihm fiel auf, dass die Ingenieure problemlos mit Zahlen rechneten, die die Logik der Principia Mathematica von Russell und Alfred North Whitehead noch glaubte, verbieten zu müssen, weil sie aus selbstreferentiellen Operationen resultieren und unter bestimmten Umständen (im Falle eines Umwegs über die Negation) in Paradoxien führen. Warum kann in der Realität eine Maschine funktionieren, die die Logik für unmöglich hält? Bei dieser Zählmaschine geht es darum, Waggons bei der Einfahrt in und bei der Ausfahrt aus einem Eisenbahntunnel zu zählen, um sicher zu sein, dass beim Rangieren kein Waggon in dem Tunnel vergessen wird. Offensichtlich muss die Maschine vorwärts und rückwärts zählen können. Dabei wurden imaginäre Zahlen verwendet, die entste-

hen, wenn man die Wurzel aus minus Eins zieht. Wenn man eine Gleichung wie x2 = -1 mit x = +1 löst, liefert sie das Ergebnis x = -1; wenn man sie mit x = -1 löst, liefert sie das Ergebnis x = +1. Das Ergebnis oszilliert über seiner eigenen Paradoxie, die imaginäre Zahl lautet i = ± 1. Die Lösung liefert zwei Werte, ist also nicht eindeutig und verstößt damit gegen eine Bedingung, die man in der Mathematik lange Zeit für wünschenswert gehalten hat. Es gibt keine Möglichkeit, eine stabile Lösung auszurechnen, man stößt immer auf die Paradoxie. Für Ingenieure stellt das kein Problem dar, sie müssen nur wissen, worin das jeweilige Ergebnis besteht, das in die Gleichung wieder zurückgefüttert wird. Für den Mathematiker, der sich bei der Logik à la Boole oder Russell und Whitehead rückversicherte, stellt das jedoch eine nicht haltbare Unmöglichkeit dar. Eine Aussage, die sowohl zu

Bertrand Russel

einem Ergebnis als auch zu dem Gegenteil dieses Ergebnis führt, wird für sinnlos gehalten. Um diese Möglichkeit auszuschließen, hatten Russell und Whitehead ihre Typentheorie eingeführt, die bei jeder selbstreferentiellen Aussage den Wechsel auf eine Metaebene vorschreibt. Tatsächlich soll Russell, als ihm Spencer-Brown sein Kalkül vorführte, froh gewesen sein, dass man auf die Typentheorie endlich verzichten konnte, über deren Einführung weder Russell noch Whitehead glücklich gewesen waren. Der auf den *Laws of Form* beruhende Kalkül Spencer-Brown zeigt, dass man mit selbstreferentiellen und damit auch selbstwidersprüchlichen Aussagen rechnen kann.

Die Pointe des Kalküls von Spencer-Brown liegt für den Systemtheoretiker darin, dass es sich um einen Kalkül handelt, der mit Unterscheidungen rechnet und der dafür davon aus-

Alfred North Whitehead

geht, dass jede Operation einen Unterschied macht, der nicht nur eine Innenseite bezeichnet, auf die sich weitere Operationen beziehen können, sondern auch eine Außenseite, die ausgeschlossen werden, aber nichtsdestotrotz mitgeführt werden muss. Mit dieser Denkfigur lässt sich eine Vielzahl der interessantesten Einsichten und Überlegungen der Theorien des zwanzigsten Jahrhunderts rekonstruieren, angefangen bei Claude Shannons Verständnis einer "Information" als Kontextuierung einer Nachricht durch den Auswahlbereich dieser Nachricht (der "technisch" festgelegt, aber auch "sozial" offen gehalten sein kann) über Martin Heideggers Idee der "Lichtung", die einem Ereignis lichtendverbergend seinen Raum gibt bis zu Jacques Derridas Konzept der "différance", die sich als mediale Form selbst voraussetzt und jeder Beobachtung entzieht zugleich. Spencer-Browns Form der Unterscheidung beschreibt eine dreiwertige Zweiseitenform, die es erlaubt, den Operationstyp organischer, psychischer und sozialer Systeme, wenn nicht sogar physikalischer Systeme zu beschreiben.

Eine Grenzziehung zwischen Soziologie, Poetik und Philosophie scheint es da gar nicht mehr zu geben?

Zumindest wird sie ihrerseits erklärungsbedürftig. Man fragt sich, was wissenschaftliche Disziplinen davon haben, wenn sie auf Trennungen, sprich auf Unterscheidungen einer Innenseite und einer Außenseite Wert legen.

Geht es nicht um Planstellen und Ausbildungsgänge?

Sicher, aber muss man deswegen dabei bleiben?

Lebt Spencer-Brown eigentlich noch?

Soviel ich weiß, ja. Er lebt in Chelsea in London, schreibt Gedichte und Geschichten, von denen einige auf deutsch in demselben Bohmeier Verlag in Lübeck erschienen sind, in dem auch die *Gesetze der Form* erschienen sind, und betreibt eine Sentinel Foundation for Creative Education, die vermutlich Konsequenzen aus seiner eigenen Erfahrung zu ziehen versucht. Er behauptet von sich, dass sein Vater ihm mit drei Jahren die *Elemente* von Euklid beigebracht habe, dann jedoch alles verdorben habe, indem er ihn mit sechs Jahren auch noch in die Schule schickte.

Sentinel heißt "Wache".

Die Sentinel Foundation besteht, so viel ich weiß, aus einer Telefonnummer, einer Kontonummer und einer Person, nämlich Spencer-Brown selbst. Vermutlich geht es darum, den

Gedanken zu fördern, mit drei Jahren die *Elemente* von Euklid und mit sechs Jahren *die Gesetze der Form* von Spencer-Brown zu erlernen und es dabei bewenden zu lassen. Soziologisch formuliert, geht es darum, die absichtsvolle Erziehung auf ein Minimum zu reduzieren und den Rest der eher absichtslosen Sozialisation zu überlassen. Das kann die Gesellschaft vermutlich nicht riskieren, und dies nicht etwa deswegen, weil ihr die Bildungsinhalte wichtig wären, die man auf der Schule erwirbt, sondern weil sie auf das "hidden curriculum" nicht verzichten kann, das man nebenbei erwirbt und nie wieder los wird: den Selbstvergleich mit Gleichaltrigen und das ständige Warten darauf, von einer Autoritätsperson entweder gelobt oder getadelt zu werden.

Ist Spencer-Brown mit seiner Rezeption einverstanden, ich meine, Sie propagieren ihn und Luhmann hat ihn propagiert, wie findet er das?

Ich glaube nicht, dass es neben Bertrand Russell sehr viele Leute gibt, von denen er glaubt, dass sie den Kalkül verstanden hätten. Luhmann und ich gehören bestimmt nicht zu diesen Leuten, eher schon der Münchner Logiker Matthias Varga von Kibéd. Heinz von Foerster hat Spencer-Brown 1973 auf eine Konferenz in das Esalen Institute in Kalifornien eingeladen, um dort mit dem Delphinforscher John Lilly, dem Buddhismusforscher Alan Watts, Gregory Bateson und anderen sein Kalkül zu diskutieren. Diese Konferenz hat er schon vor ihrem Ende verlassen …

… unter Protest?

Er musste feststellen, dass die anderen auch reden wollten, das war für ihn nicht das Wahre.

Der Mann hat Eigenschaften wie der antike, auch etwas närrische Diogenes. Aber seine Mathematik ist eine lichtvolle Rechenmethode. Ich kann damit erforschen, was wir für irrational halten, was es aber nicht ist?

Ich kann psychische Systeme, soziale Systeme, organische Systeme erforschen, indem ich die Rechenmethoden beschreibe, die sie unberechenbar machen.

Es wird ein Satz vom nicht ausgeschlossenen Dritten aufgestellt.

Ja, es geht um das nicht ausgeschlossene Dritte, um Paradoxien, um selbstreferentielle Konstruktionen. Und Selbstreferenz heißt hier nicht, dass man sich jederzeit bei sich selbst vergewissern kann, woran man ist, sondern ganz im Gegenteil, dass man die nächsten Operationen, die nächsten Rechenschritte daraus gewinnt, dass man auf die Frage nach dem Selbst keine Antwort erhält. Seit Blaise Pascal weiß man, dass das Bewusstsein anhand seiner Referenz auf sich selbst nicht etwa auf etwas, sondern auf nichts stößt. Ebenso stellt eine Organisation, die ihre Planung zu planen versucht, irgendwann fest, dass sie ihre eigenen Entscheidungsabläufe nicht ausrechnen kann. Sie bekommt es mit Unentscheidbarem zu tun, mit der Frage, ob sie nun planen kann, was sie plant, oder nicht. Diese Unentscheidbarkeit kann sie nur entscheiden, und genau das setzt sie in Gang, macht sie mit sich selbst als bodenlosem Produkt ihrer selbst bekannt. Sie wird errechenbar unter der Voraussetzung einer immer mitlaufenden unbekannten Außenseite der Form. Das macht dieser Kalkül beschreibbar und so etwas gab es vorher nicht. Und das ist verblüffenderweise mit ältestem Schamanenwissen ebenso kompatibel wie mit der neuesten soziologischen Gesellschaftstheorie.

Sie haben mehrfach den Namen Heinz von Foerster genannt. Wer ist das?

Heinz von Foerster ist der Spiritus Rector und Impresario der Kybernetik zweiter Ordnung, also jener Kybernetik, die nicht mehr von den beobachteten, sondern von den beobachtenden Systemen ausgeht und daher die objektivierende und kontrollierende Wissenschaft hinter sich lässt und statt des-

Heinz von Foerster Foto: A. Paris

sen die Interaktion mit ihrem Gegenstand sucht und in Rechnung stellt. Er hat ab 1949 die Tagungsbände der Macy-Konferenzen herausgegeben, in denen diese Kybernetik aus der Taufe gehoben wurde, und mit seiner grenzenlosen Begeisterungsfähigkeit und seinem genauen Blick für Theoriefiguren, die der Verantwortung des Beobachters für seine Beobachtungen gerecht werden, von 1958 bis 1972 das Biological Computer Laboratory an der University of Illinois in Champaign geleitet. Vermutlich ist dort der parallel arbeitende Computer erfunden worden. Außer Spencer-Brown und Luhmann haben alle großen Köpfe dieser Kybernetik zweiter Ordnung irgendwann in diesem Laboratorium an ihren Projekten und mit Studenten gearbeitet, Gotthard Günther und

Lars Löfgren ebenso wie W. Ross Ashby und Humberto R. Maturana. Heinz von Foerster ging auf diese Leute zu, machte ihnen klar, dass man ohne sie keinen Schritt weiter kommen würde, und gewann sie so für kürzere und längere Aufenthalte.

Ein Unternehmer gewissermaßen.

Ein Unternehmer und jemand, dem es Zeit seines Lebens immer wichtiger war, mit Leuten zu arbeiten als Texte zu schreiben. Schauen Sie sich die Literatur an, die es von ihm gibt. Sie finden entweder Aufsätze, die er immer dann geschrieben hat, wenn ein Forschungsprojekt abgeschlossen war und er genau wußte, was es zu schreiben gab, oder Vortragstexte, die Bibliothekaren, Therapeuten, Betriebswirten und Philosophen von seinen Ideen berichten, oder Bücher, die aus Gesprächen entstanden sind. Das erste und einzige Buch, das es lange Zeit von ihm gab, trug den Titel *Observing Systems* und war 1981 von Francisco J. Varela in dem Verlag Intersystems Publications in Kalifornien herausgegeben worden, den es mittlerweile nicht mehr gibt. Darin finden sich die wenigen, aber bahnbrechenden Aufsätze, mit denen er die Kybernetik zweiter Ordnung auf den Weg gebracht hat. Siegfried J. Schmidt hat 1993 bei Suhrkamp unter dem Titel *Wissen und Gewissen* eine mehr oder minder vollständige deutsche Übersetzung dieses Buches herausgegeben. Ausgangspunkt des Denkens von Heinz von Foerster, der als junger Mann den *Tractatus logico-philosophicus* seines Onkels Ludwig Wittgenstein auswendig kannte, war die einfache, aber folgenreiche Beobachtung, dass die Kybernetik nicht nur alle möglichen Feststellungen über "Kontrolle und Kommunikation beim Tier und in der Maschine" (so der Untertitel des Buches *Kybernetik* von Norbert Wiener) vortrug, sondern auch von jemandem gemacht wurde, der selbst in der Lage war, sich zu kontrollieren und zu kommunizieren. Darin war sich von Foerster mit Maturana einig: Alles, was gesagt wird, wird von einem Beobachter gesagt; und es wird zu einem Beobachter gesagt, der zuweilen mit dem ersten Beobachter identisch ist. Als von Foerster aus Wien nach Amerika zog und die Macy-Konferenzen besuchte, war die Kybernetik gerade im Begriff, zur Wissenschaft der Planung und Steuerung zu werden. Er machte das nicht mit und führte als Korrekturgedanken die Frage nach dem Beobachter ein. Damit hatte er in Amerika genauso wenig Erfolg wie Igor V. Blauberg mit ähnlichen Gedanken in der Sowjetunion. Dort wurde diese Art der Kybernetik sogar verboten.

Die Kybernetik zweiter Ordnung.

Von Foerster schaute sich die Kybernetiker an, hörte ihnen zu, damals immerhin so erlauchte Figuren wie Warren McCulloch, Norbert Wiener, John von Neumann, Margaret Mead, Gregory Bateson und viele andere, und fragte sie, was sie da eigentlich machen. Er machte sie darauf aufmerksam, dass sie es sind, die die Beobachtungen anstellen, und dass es von den von ihnen verwendeten Unterscheidungen abhängt, was sie zu sehen bekommen. Er führte den Beobachter, technisch gesprochen: den Sensor, aber auch den Motor, in die Verhältnisse wieder ein und machte darauf aufmerksam, dass zum Beispiel eine Familie, bevor sie von einem Therapeuten oder Soziologen beobachtet wird, sich selbst beobachtet. Bevor sie für andere ein Gegenstand ist, ist sie bereits für sich selbst ein Gegenstand, und zwar ein Gegenstand, der darauf reagiert, dass er nun zusätzlich auch noch von einem Therapeuten oder Soziologen beobachtet wird.

Und nur so kann sie einem Außenstehenden eine Antwort geben?

Ja, allerdings eine Antwort, die für den Außenstehenden streng genommen unverständlich sein muss, weil niemand die Familie so verstehen kann, wie sie sich selbst versteht. Denn nur die Familie versteht die Antwort, die sie sich auf die eigene Unverständlichkeit gegeben hat. – All dies ist soziologisch von größtem Interesse. Und es verbindet sich auf faszinierende Weise mit der Philosophie eines Jacques Derrida, die ebenfalls den Gedanken verabschiedet, dass Gegenstände für Beobachter und dieser Beobachter für sich selbst jemals transparent sein könnten. Die Kybernetik zweiter Ordnung wendet sich ebenso wie die Dekonstruktion gegen jenen Aufklärungoptimismus, der mit Kommunikation die Probleme der Welt lösen zu können glaubt. Tatsächlich schafft die Kommunikation Probleme, und sei es nur deswegen, weil sie mit den Beobachtern auch die Differenz und Unzugänglichkeit ihrer Beobachtungsperspektiven ins Spiel bringt.

Es gehört zur Würde des Menschen, dass er über Denkwerkzeuge verfügt, die der Welt, in der er lebt und die er geschaffen hat, adäquat sind. Das scheint mir der Kerngedanke. Der Mensch will zum dritten und zum fünften Kranich werden, wenn man das Bild aufgreift, dass ein Kranich sich nur selber beim Fliegen beobachten kann, wenn er einen dritten Kranich erfindet, der den zweiten beim Fliegen beobachtet. Es ist in der Natur mitgegeben, dass die Menschheit den Ehrgeiz hat zu verstehen.

Das sagen Sie als vierter Kranich. Mir genügen die ersten drei Kraniche. Ich will sehen, wie sie fliegen. Welcher von diesen Kranichen spricht von Würde und Aufklärung? Und wer hört ihm zu?

Sie würden diese Kraniche als Chor hören? Gleichzeitig, polyphon?

Ich höre ein Selbstgespräch, wie es Natalie Sarraute 1989 in ihrem Roman *Tu ne t'aimes pas* inszeniert hat, eine vielstimmige Gegenrede, die sich ständig widerspricht und dadurch fortsetzt.

Die Erwachsenen murmeln etwas, das Kind will es verstehen. Dass sie heimlich reden, mit gesenkter Stimme, macht das Gespräch interessant. Das Kind denkt sich etwas. Ist das die Urform dieses Forschens?

Ja, und vielleicht sollten wir zusätzlich berücksichtigen, dass das Kind, bevor es sich etwas denkt, von seiner Mutter, seinen Großmüttern und Schwestern, also hauptsächlich von Frauen, in den ersten Phasen seines Lebens auch intensiv besprochen wird. Das Kind bekommt laufend etwas zu hören, zuweilen in der Babysprache, zuweilen in ganzen Sätzen, damit das Kind lernt, einzelne Worte, ja sogar Vokale und Konsonanten zu unterscheiden. Das Kind ist in der Situation, herausfinden zu müssen, wie es mit dieser dauernden akustischen Beschallung umgeht, die von denen, die es dauernd besprechen, offensichtlich für wichtiger gehalten wird als das Blätterrauschen eines Baumes, die Geräuschkulisse eines Fernsehgerätes oder das Rumpeln einer Waschmaschine.

Oder das Rauschen meiner Gedärme. Das sind ja furchtbar viele Eindrücke, mit denen das Kind umgehen muss.

Aber die Sprache ist ein Sondersachverhalt, ganz und gar distinkt, unterstützt von Gesichtsausdrücken und Gesten …

Wie kommt es zu diesem Status?

Das Kind wird beeindruckt und fängt selber an zu sprechen. Es fängt an, die Faszination zu beherrschen, könnte man vielleicht sagen, und gewinnt dadurch auch wieder eine gewisse Distanz gegenüber der Sprache. Es lernt, frei nach

Wittgenstein, mit Sprachspielen umzugehen, indem es imitiert und distanziert und so sowohl herausfindet, was die Wörter bedeuten, als auch, dass sie mit dem, was sie bedeuten, nicht verwechselt werden sollten.

Und es lernt etwas Drittes, was die Mutter gar nicht gemacht hat, Grammatik nämlich, das ist ja ganz phänomenal. Und Sie sagen, so in etwa könne man den Status des Intelligenzparks beschreiben, in dem die Forscher sich aufhalten, die die Fragen des Planeten behandeln?

Sind wir nicht alle in der Situation des Babys, das vom Fernsehen, von der Politik, von der Wirtschaft, der Religion, Wissenschaft und Kunst dauernd besprochen wird und herausfinden muss, mit welchen Formen es sich das Gesagte sowohl verständlich als auch vom Leibe halten kann?

Und wir werden es nicht lernen, indem wir uns Mühe geben oder es planen, denn das tut das Kind nicht und die Menschheit übrigens ja auch nicht. Wir haben eine Schatztruhe von Möglichkeiten in uns, wie in einer Arche, mit der wir die Welt ergreifen können.

Oder mit Luhmann gesagt: Wir werden es nicht lernen, wenn wir darauf warten, dass wir verstehen, was da passiert, sondern wir werden es nur lernen, wenn wir mitspielen und uns dabei beobachten. Unser langsames Denken kann sich nur darauf verlassen, dass unser Bewusstsein schneller ist.

Deswegen sind wir Player, Spieler, die auf Vorrat denken? Ist das der neue Typ?

Wir sind Mitspieler. Und wenn wir uns dabei beobachten, beginnen wir, unseren Möglichkeiten des Denkens, auch des Wissens, zu misstrauen. Als Mitspieler sind wir uns zu unserem Nutzen und Schaden immer schon ein Stück voraus. Wer sich jedoch als Spieler begreift, kann das Mitspielen immer wieder zu unterbrechen versuchen, um herauszufinden, an welchem Spiel er sich beteiligt. Dazu passt der Spielbegriff, den Bateson in seiner *Ökologie des Geistes* entwickelt hat: Wer spielt, führt den Rahmen einer Situation in die Situation wieder ein und macht sie so auf Innenseite und Außenseite und Rahmung hin beobachtbar.

Etwas mit der Hand begreifen zu wollen, das gehört zum Spielen ja auch dazu.

Ja, wenn man unter dem Begreifen ganz hegelianisch ein Ergreifen und Weglegenkönnen versteht. Ich interessiere mich für die Theorie der Wirtschaft, weil kaum ein anderes System so raffiniert gebaut ist und so viele Ansprüche an unsere Beschreibungsfähigkeiten stellt. Gleichzeitig merke ich jedoch, dass ich die Unruhezustände meines eigenen Bewusstseins in eine Struktur bringen kann, wenn ich an einer Beschreibung der Wirtschaft arbeite. Arbeite ich also in Wirklichkeit an der Unruhe meines Bewusstseins? Will ich die Wirtschaft begreifen, um mein Bewusstsein nicht weglegen, aber unterbringen zu können?

Umgang mit unruhigem Sinn, schreiben Sie einmal.

Bücher schreibt man nicht…

…um sie ins Regal zu stellen…

…sondern um mit ihnen andere Bücher zu erschlagen, wie Hegel meinte. Aber wen beunruhigen diese anderen Bücher? Und warum?

News & Stories, Sat.1, 13. Februar 2000

Organisation als fünfter Affe

Kluge: Sie sagen, eine Organisation könne intelligent sein und geben dazu in dem Kapitel über das Handwerk des Unternehmers in Ihrem Buch Organisation als System *das Beispiel von den Affen, das deutlich macht, ab wann Organisationen unintelligent werden und worin die Voraussetzungen für einen Intelligenz-Zuschuss bestehen.*

Die Geschichte von den Affen ist eine der vielen schönen Geschichten ohne Autor, die kursieren, weil sie einen wichtigen Punkt deutlich machen.

Es handelt sich um eine experimentelle Situation.

Ja, vier Affen sind in einem Käfig zusammengesperrt. In der Mitte dieses Käfigs steht ein Baum und an einem der Äste des Baumes hängt eine frische Bananenstaude. Die Affen klettern hoch und holen sich die Bananen. Eines Tages wickeln die Wärter einen elektrisch geladenen Draht um den Baumstamm und jeder Affe, der auf den Baum klettert, um sich die Bananen zu holen, bekommt einen Schlag und verzichtet auf seinen Versuch. Schließlich haben es die Affen begriffen, niemand versucht mehr auf den Baum zu klettern, obwohl dort nach wie vor jeden Tag eine frische Bananenstaude aufgehängt wird. Irgendwann wird ein fünfter Affe in den Käfig gelassen, der die Bananen entdeckt und sich holen will, jedoch von den anderen Affen daran gehindert wird, damit er sich keinen Schlag holt. Tatsächlich hatten die Wärter den Strom längst abgestellt, so dass die Banane gefahrlos gepflückt werden könnte. Wenn wir diese Fabel auf die Organisation übertragen, können wir sagen, dass die Organisation, die ihre eigenen Erfahrungen nicht von Zeit zu Zeit überprüft, indem sie Neulinge ihre eigenen Erfahrungen machen lässt, sich interessanter Möglichkeiten, nicht zuletzt der Überprüfung der eigenen Urteile und Vorurteile, beraubt.

Hier macht die Intelligenz die Organisation dumm.

Intelligenz besteht darin, Routinen aufrechtzuerhalten, denen man sein Überleben verdankt, gleichzeitig jedoch dumm genug zu sein, um immer wieder einmal zu testen, ob die Unterstellungen, auf denen diese Routinen beruhen, noch gültig sind. Die Affen müssen sich organisieren. Organisation besteht darin, die eigenen Entscheidungen, die man in ihren Prämissen und Absichten für selbstverständlich hält, von einem fünften Affen in Frage stellen und mit Alternativen konfrontieren zu lassen. Das ist der Grund, warum Unternehmer, Organisationsentwickler und Personalberater heute so gerne "Querdenker" einzustellen behaupten. Querdenker sind Leute, die die Vorurteile derer, die geradeaus denken, nicht teilen, sondern andere Vorurteile mitbringen.

Ist zum Beispiel Peter Sloterdijk so ein Querdenker?

Spätestens mit seiner Rede "Regeln für den Menschenpark" auf Schloss Elmau im Juli 1999 hat Sloterdijk unter Beweis gestellt, dass er ein äußerst geschickter Querdenker ist. Mit dieser Rede hat er ja gerade nicht einen neuen Gedanken entwickelt, sondern Strukturen aufgedeckt, die uns daran hindern, das Neue als Neues zu denken. Er hat uns in unsre eigenen Vorurteile verstrickt, von denen wir ausgehen, wenn wir uns mit den gentechnologischen Möglichkeiten auseinandersetzen, und uns diese Vorurteile anhand unserer eigenen Reaktionen auf seine Rede vorgeführt. Während wir uns vor den gentechnologischen Eingriffen in das Erbgut des Menschen fürchten, verlassen wir uns auf eine jahrhundertealte Zähmungsgeschichte des Menschen, die aus einer ganzen Kette von Eingriffen in die Muster der Koevolution von Mensch, Körper und Gesellschaft besteht. Wir tun aber so, als sei der Mensch bis heute das Produkt einer Naturgeschichte. Tatsächlich ist der Humanismus selbst eine Art

Gentechnologie. Mit eigenen Vorstellungen von dessen Würde, Freiheit und Kultur richtet er sich ihn zu dem zu, was er von Natur aus durchaus nicht ist. Wir müssen schon daran glauben, dass "die Gene" ein unverfügbares, in den Tiefen der Biologie verankertes Programm des Menschseins enthalten, um den Vergleich, den Sloterdijk zieht, nicht zu ziehen. Dem entspricht auch, was die meisten Biologen uns bis heute nur allzu gerne glauben lassen wollen. Tatsächlich ist diese Auffassung von den Genen als Programm des Lebens mit keiner neueren Molekularbiologie vereinbar. Gene antworten auf Nachfragen, wenn Probleme auftreten im Prozess der Selbstorganisation des Lebens. Aber sie steuern diese nicht.

Sloterdijk ist also kein normativer Denker und auch nicht daran interessiert, wie etwas so oder anders ist, geschweige denn daran, Vorschriften für die Lebensführung zu erlassen, sondern er versetzt Grenzzäune, entwickelt ein Spiel, führt neue Codierungen ein.

Sloterdijk zündet Feuer, ähnlich detektivisch, wie es Philip Marlowe in den Kriminalromanen von Raymond Chandler tut, in denen die Hoffnung auf übersichtliche Verhältnisse und lineare Kausalitäten längst aufgegeben ist.

Er zündelt. Das tun ja auch die frühen Zauberer. Das ist vorindustriell und vorwissenschaftlich, aber insofern wirksam, als man so etwas über das Feuer erfährt. Brennt es oder brennt es nicht, explodiert es oder nicht?

Das ist auch sehr modern. Marlowe hat keine andere Chance, als etwas Abwegiges zu tun, um Reaktionen auszulösen, an denen er eine Chance hat zu erkennen, welche Verbindungen es zwischen welchen Leuten gibt.

In Ihrem Buch Wozu Kultur? *führen Sie die Figur des Spielers ein. Welche Bedeutung hat diese Figur?*

Ich unterscheide in diesem Buch mehrere Typen von so genannten Kulturarbeitern. Der Spieler steht dem Funker gegenüber. Die Funker bewegen sich in den Codes, die Spieler knacken sie. Wir neigen ja dazu, unsere Gesellschaft zuweilen als ein "secrecy system" im Sinne Shannons zu verstehen, das sein Herrschaftswissen nur zeigt, damit wir wissen, wie gut es bei denen versteckt ist, die unsere "information systems" einrichten und in dieser Einrichtung Vorentscheidungen darüber treffen, welche Informationen wen erreichen und wem zugänglich sind. Der Funker, eine Metapher natürlich, ist derjenige, der diese Entscheidungen über Frequenzen, Codes und Kanalbreite trifft.

Der Funker ist ein Geheimhalter. Er funkt nicht "SOS, rettet die Titanic".

Er richtet die Funksysteme so ein, dass die Möglichkeit, sie zu stören, minimiert wird.

Ach, der panzert und verschanzt sich?

Wenn man dieser Beschreibung der "secrecy systems" glauben darf, ist er es, der die Herrschaftssysteme der Welt einrichtet, immer in Abhängigkeit vom militärisch-industriellen Komplex. Er sitzt in seiner abgeschlossenen Kammer, ist aber hochwirksam in der Welt tätig. Wir brauchen nur etwas zu tun versuchen, uns auszubilden, ein Buch zu lesen, einen Gedanken zu entwickeln, um festzustellen, dass es da etwas gibt, was uns bremst und blockiert. Das sind die Netze der Funker, in denen wir uns mit unseren Absichten verfangen. Innerhalb dieser Mythologie müssen den Funkern daher Spieler gegenübergestellt werden, die versuchen, die Codes zu knacken, denen die Informationssysteme zwischen Wirtschaft, Bürokratie und Geheimdiensten gehorchen.

Die Spieler sind Öffentlichkeitsmenschen. Es geht nicht um Glücksspieler, sondern um Leute, die sich einbringen, die tätig werden, ist das richtig?

Der Spieler ist jemand, der, mit Bateson, die Rahmungen unserer Situation in unsere Situation wieder einführt. Sloterdijk führt vor, dass der Humanismus unser Denken auf eine Art und Weise rahmt, die uns dazu bringt, die Gentechnologie für den Gegensatz des Humanismus zu halten, obwohl sie technisch nur dessen Verlängerung ist. Er veröffentlicht den nicht bedachten Kontext unseres Denkens.

Eigentlich sind diese Spieler Saboteure des Geheimwesens, der Arkanbereiche unserer Gewaltverhältnisse. Man würde nicht von Philosophen sprechen, so nennen sie sich selber ja auch nicht, sondern von Spielern oder Kriegern, die durch die Herstellung von Öffentlichkeit die Geheimhaltung und die Machtverhältnisse sabotieren.

Der Spieler ist die postmoderne Gestalt des Kulturarbeiters, der dem Funker gegenübersteht. In der Moderne stand der Intellektuelle dem Schreiber gegenüber, in der Antike der Priester dem Bauern. In der Tat geht es immer wieder um das Verhältnis von Öffentlichkeit und Geheimhaltung. Die Priester, Intellektuellen und Spieler führen vor, wie man eine Gesellschaft beeindrucken und kontrollieren kann, indem man bestimmte Dinge verbirgt, zugleich jedoch einen Weg findet, das Verborgene als Geheimnis zu kommunizieren und zu kommentieren. Ein Geheimnis, von dem niemand weiß, würde ja nichts taugen. Also muss der Priester vom Wirken des Gottes sprechen, den er in seiner Kammer, seinem Arkanum, verbirgt, und muss der Intellektuelle deutlich machen, dass sein Umgang mit Schrift die Oberfläche durchdringt und die Tiefe erreicht…

Er muss originell und individuell sein …

…in jedem Fall jedoch auf eine Art und Weise inspiriert, die nicht ohne weiteres nachvollzogen und kopiert werden kann. Obwohl gerade dies den Intellektuellen zu einem Muster macht, das tausendfach kopiert wird. Das eine schließt das andere nicht aus. Selbst wenn man den Trick nicht kopieren kann, kann man kopieren, mit einem Trick zu arbeiten. Auch der Priester wird ja spätestens durch den Magier kopiert und unterlaufen, so wie ersterer letzteren kopiert und unterläuft. Die Tricks der einen bestehen aus der Aufdeckung der Tricks der anderen. Das hat der Wachowskifilm *Matrix* so schön gezeigt, oder auch *Fight Club* von David Fincher. Ein punktueller Verdacht, dass etwas nicht mit rechten Dingen zugeht, kann genügen, um dem Betrug auf die Spur zu kommen, genügt jedoch nicht, um den Verdacht auszuräumen, dass der Verdacht und seine Belege selbst Teil des Betrugs sind. Die Funker sind diejenigen, die den Zusammenhang herstellen, ihn geheimhalten und für die Kommunikation des Geheimnisses sorgen. Die Spieler hingegen sind diejenigen, die den Mechanismus aufzudecken versuchen, der uns diese Welt vorspiegelt und uns zugleich in diese Welt mit hineinerfindet. Denn nur wenn der Mechanismus aufgedeckt ist, sind wir wieder in der menschlichen Situation, eine Entscheidung treffen zu können, im Film *Matrix* die Wahl zwischen der roten Pille und der blauen Pille, selbst wenn uns diese Entscheidung, gleichgültig, wie wir sie treffen, wieder in denselben Mechanismus verstrickt. Dem Spieler geht es nur um den Moment der Entscheidung, nicht etwa um ein neues Spiel.

Der englische Ausdruck dafür wäre "player". Sind die "global player", von denen man unter Bezug auf global operierende Firmen spricht, Spieler in diesem Sinne?

Der Begriff des Spielers ist ambivalent. Der global player, ob Firma, Behörde oder non-governmental organization, ist ja in der Tat jemand, der die herrschenden Codes der Gesellschaft knackt und einen neuen Markt erfindet, einen neuen Regulierungsmechanismus oder eine neue Form der Kampagne. Dieser Spieler spielt mit den Möglichkeiten der Welt und führt uns vor, Beispiel Sony, dass unser bisheriger Verzicht auf den Walkman nur über den Herrschaftszusammenhang und damit Phantasiemangel Auskunft gibt, in dem wir uns bewegen. Aber die Einführung der neuen Möglichkeit realisiert keine Utopie, sondern bestätigt immer nur die Welt, wie sie ist. Alles ist anders, wenn wir die Musik mit Kopfhörern mit uns herumtragen können. Und nichts hat sich geändert.

Der global player ist ein Gesetzgeber auf eigene Faust? Ein Robinson, aber mitten im Geschehen? Ein Robinson, der keine Insel mehr braucht, sondern sich dort, wo er ist, seine Insel baut? Ein Lückenforscher im Sinne Ihrer Beschreibung des Unternehmers?

Er deckt die herrschenden Verhältnisse auf und richtet neue ein. Der Spieler, von dem ich spreche, lässt es bei der Aufdeckung eines Codes bewenden. Er bietet keine neue Welt an, weil er weiß, dass diese den Gesetzen der alten unterworfen wäre. Er überlässt es dem Publikum, der Öffentlichkeit, die Wahl des nächsten Schrittes zu treffen, wohl wissend, dass die Wahl der entscheidende Punkt ist, nicht der Schritt. Der Unternehmer hingegen ist die Einheit der Differenz, ein Spieler, der zum Funker wird.

Es handelt sich um eine Art Charakterkunde, um neue Charaktere und neue Verkettungen, mit denselben menschlichen Eigenschaften, über die bereits Adam verfügt, die jedoch anders aggregieren und daher auch andere Charaktere schaffen?

Ja, vielleicht ist der Spieler jemand, der emphatisch an eine sich aufklärende Öffentlichkeit glaubt, während der Unternehmer klüger ist als der Spieler. Er weiß, dass bereits der nächste Schritt nach der Aufdeckung des Codes, nach der Entscheidung, wieder zur Bindung führen wird, wenn nicht sogar die Entscheidung selbst bereits die Bindung ist. Wie heißt es beim Beau Brummell, der Figur Oscar Wildes, der einen Ausflug über die schottische Seenplatte macht und sich bei einer besonders schönen Aussicht zu seinem Diener umdreht und ihn fragt: "Which lake do I prefer?" Die Freiheit als solche gibt es ja nicht, es sei denn als Wahl der nächsten Abhängigkeit. Also müsste man auf die Wahl verzichten, wäre damit jedoch endgültig unfrei. Bleibt mir als Beleg meiner Freiheit nichts anderes, als den anderen seine Abhängigkeit erleben zu lassen? Und ist das nicht ein Intellektuellentrick, den Hegel in seiner Herr/Knecht-Dialektik bereits aufgedeckt hat?

In Ihrem Bild wären sowohl der Spieler als auch der Unternehmer jeweils ein fünfter Affe?

So ist es.

Der fünfte Affe fordert die Routinen heraus und ist dadurch intelligenter als die Routine?

Ja, aber er ist dies nur für andere. Für sich selbst ist er schlicht naiv genug, um einem spontanen Handlungsimpuls den Baum hinauf zu folgen. Der Spieler und der Unternehmer sind gesellschaftliche Figuren, keine individuellen.

Eigentlich sind sie Explorateure, Weltreisende, wie sie im 19. Jahrhundert Kolonien gebildet haben. Aber damals handelte es sich noch um Außenräume, um Territorien, von denen man noch nicht wußte, ob man sie in der eigenen Hauptstadt und auf deren Märkten überhaupt brauchen kann. Jetzt aber geht es um eine beidseitige Eroberung, um virtuelle, wirtschaftliche Räume einschließlich der Wertabstraktion und der Erschließung des Marktes in den Menschen, in ihrer Subjektivität. Der Spieler entdeckt neue Bedürfnisse.

Es werden kommunikative Optionen ausgebeutet. Die Psychologie der Leute beschreibt nur das Material, auf das man angewiesen ist. Im Wesentlichen jedoch geht es um bislang undurchschaute Möglichkeiten der Kommunikation, zum Beispiel um die Möglichkeit, sich durch Freiheit selbst zu binden. Man spielt mit der Parallelität von Sicherheits- und Unsicherheitsbedürfnissen, mit dem Wunsch nach Neuem, um sich die Qualität des Alten zu bestätigen, und so weiter. Man spielt mit den Paradoxien der Kommunikation. Dazu passen die gegenwärtigen Strategien der Unternehmensberatung. Hier bringt man den Organisationen, die immer dachten, sie seien Maschinen, die entweder funktionieren oder optimiert werden müssen (am besten beides), bei, dass sie, bevor sie funktionieren und damit sie funktionieren, erst einmal kommunizieren. Unternehmensberater, insbesondere die Abart der systemischen Unternehmensberater, gehen in die Organisationen und fordern die Leute auf, sich anzuschauen, wie sie durch ihre Arbeit, ihren Umgang miteinander, ihr Informationsverhalten die Märkte erfinden, auf denen sie dann mit oder ohne Erfolg tätig sind, und die Intrigen spinnen, aus denen die Organisation ihre interne Macht aufbaut und in denen sie sie auch wieder verliert. All das durch bloße Kommunikation! Diese Unternehmensberater sind Spieler. Sie decken den Code auf, der es den Leuten ermöglicht, sich selbst zu binden, und mit dem sie äußerst raffiniert umgehen, selbst wenn er ihnen unbekannt ist.

Man wusste das alles längst, hatte aber keine Möglichkeit, es auszusprechen und darüber zu reden, bevor man nicht eine bestimmte Art von Fragen gestellt bekam?

Ja, genau. Man dachte, Intrigen seien erforderlich, um sich gegen einen bestimmten Chef durchzusetzen, dessen Verhalten kein anderes Abstimmungsverhalten zulässt als das der Intrige, und übersah dabei, dass der Chef den Leuten mit seinem Verhalten diese Option vielleicht bewusst nahegelegt hat, weil er gesehen hat, dass die Marketing- und die Entwicklungsabteilung anders nie miteinander kooperieren werden. Die Leute fangen an, sich abzustimmen, indem sie sich gegen jemanden abstimmen. Wenn das eine nicht ohne das andere zu haben ist, muss sich der Chef unter Umständen als Zielperson einer Intrige inszenieren. Das Beispiel ist fiktiv, zeigt aber vielleicht, worum es geht. Die Organisation ist insgesamt ein kommunikatives Spiel, das sich auf vielfältige Weise aufrechterhält und in dem jeder Einzelne zwar keine Schachfigur ist, aber doch eine Figur, deren ganz anders motivierte Subtilität und auf ganz andere Dinge zielendes Raffinement bei der Aufrechterhaltung der Autopoiesis der Organisation unverzichtbar ist.

Die Autopoiesis ist eine Selbstregulation, die eher an den Effekten denn an den Motiven greift?

Sie spielt sich auf der sozialen Ebene ab, nicht auf der individuellen. Charaktere, Motive und Bedürfnisse sind nicht ihre Voraussetzungen, sondern ihr Spielmaterial.

Die Organisation ist so gebaut, dass sie dieses Gleichgewicht hält. Wer sich nicht einpasst, wird rausgeworfen. Sie selegiert also den Charakter, der zu ihr passt.

Ja, und sie braucht ihn, wenn er nicht paßt, noch nicht einmal rauszuwerfen, sondern kann ihn auch festhalten und vorführen, um jedem zu zeigen, dass es so nicht geht. In jeder Organisation gibt es Leute, an denen man sich anschauen kann, dass man mit Leuten dieses Typs nicht kooperieren kann – um so mehr also mit allen anderen, und genau darauf, dies nahezulegen, kommt es an.

Es ist gerade gut, wenn diese Leute im Betrieb bleiben: zweite Affen, nicht von der fortgeschrittenen Art.

Ja, seht euch diese Affen an, wir anderen müssen anders sein. Das ist eine Denkfigur von Emile Durkheim. Jede Gesellschaft stabilisiert sich, indem sie Abweichler markiert, an ihnen die Abweichung deutlich macht und so das Normale als das Gewünschte vorführt.

Und für diese Gleichgewichtssysteme, die eine Organisation ausmachen und Kommunikation ermöglichen, ist es gleichgültig, ob das bewusst geschieht oder nicht, halb bewusst oder unbewusst?

Da sind wir wieder bei Luhmann: Auf das Denken kann nicht nur das Bewusstsein, sondern auch die Kommunikation nicht warten. Das würde zu lange dauern. Die Kommunikation, verstanden als soziales System, das heißt als Vernetzung der Kommunikationen untereinander, ist nur darauf angewiesen, dass das Bewusstsein mitmacht. Das Bewusstsein macht sich immer einen Reim auf die Dinge. Aber dieser Reim kommt immer zu spät. Wir spielen bereits mit, während wir an unserem Reim arbeiten. Und dabei hilft es uns, dass wir normalerweise gar nicht sehen, dass wir immer schon mitspielen. Wir glauben, es käme auf unser Denken an, und dieser Glaube absorbiert uns hinreichend, um uns ganz ungestört durch uns selbst kommunikativ bereits mitspielen zu lassen. Man müsste sich verlangsamen und nachdenklicher werden, um dem Denken Zeit zu geben, mit Kommunikation und Bewusstsein Schritt zu halten. Damit würde sich unsere jeweilige Gegenwart von der Sorge um die Zukunft und um eine angemessen erinnerte Vergangenheit befreien und wir gewännen Zeit für etwas anderes. In Klagenfurt gibt es einen “Verein zur Verzögerung der Zeit”, dem man sogar beitreten könnte, wenn man jemals die Beitrittsformulare zugeschickt bekäme, was aber nicht der Fall ist, weil bereits dies verzögert wird.

Man braucht den Verein, weil es die Poeten nicht mehr schaffen?

Er beschäftigt sich mit der Frage, wie man bereits Gegenwart gewinnen kann, während man noch darüber spricht, dass es notwendig wäre, Gegenwart zu gewinnen.

10vor11, RTL, 8. Mai 2000

Wie sich die Spreu vom Weizen trennt

Kluge: Das 20. Jahrhundert ist soziologisch ein Jahrhundert der Zusammenbrüche und Bankrotte großer Organisationen, ein Jahrhundert des Todes der Organisation. Welche Fragen würden Sie dazu interessieren?

Baecker: Als erstes die Frage, warum das so wenig auffällt. Man hat einmal ausgerechnet, dass die durchschnittliche Lebenserwartung einer Organisation bei dreißig Jahren liegt …

... eine Generation ...

... die Hälfte dessen, was ein Mensch trotz seiner körperlichen Fragilität doch in aller Regel zustandebringt. Wir denken immer an die großen Organisationsbei-spiele, die bis zu mehrere hundert Jahre lang existieren, Klöster, die römisch-katholische Kirche, manche Staaten, Kommunalverwaltungen, Banken, manche Industrieunternehmen. Wenn aber Organisationen im Durchschnitt dreißig Jahre alt werden, bedeutet dies, dass viele nur ein, zwei oder drei Jahre alt werden. Deswegen ist es ein Rätsel, warum der Tod von Organisationen eine meist so lautlose Angelegenheit ist.

"Ist das Haus gebaut, kommt der Tod," sagt eine türkische Weisheit. Sie liegt den Buddenbrooks von Thomas Mann zugrunde.

Davon wissen die Organisationen nichts, sie bauen ihr Haus für die Ewigkeit.

Sie sterben aber in regelmäßiger Fülle und machen den Platz für neue Organisationen frei. Lebt das Leben der Organisationen von diesen Todesfällen?

Das wäre ein evolutionäres Argument. Man braucht eine Fülle gescheiterter Organisationen, damit sich in der Konkurrenz mit ihnen einige wenige bewähren. Bazon Brock hat deswegen einmal ein Erntedankfest für die vielen schlechten Künstler vorgeschlagen, denen wir verdanken, dass sich die wenigen guten von ihnen unterscheiden. Das könnte man auch für Organisationen vorschlagen. Das wäre eine andere Begründung für die soziale Marktwirtschaft: denen zu danken, die durch ihr Scheitern und Ausscheiden die Maßstäbe geschärft haben, an denen die Erfolgreichen gemessen werden.

Die Marktwirtschaft wäre dann weniger das Produkt von Akkumulation und Entwicklung als vielmehr von Ausgrenzungen. Sie ist wie ein Korallenriff durch Todesfälle, Bankrotte gekennzeichnet.

Die Marktwirtschaft ist durch Selektion, Ausscheiden, Korrigieren von Fehlern gekennzeichnet. Friedrich August von Hayek hat gesagt, der Liberalismus sei nicht die Philosophie von der Freiheit der einzelnen Individuen, sondern er sei eine Gesellschaftstheorie, die beschreibt, wie man ein System einrichten muss, in dem man verhindern will, dass zu viele Fehler gemacht werden, beziehungsweise diese zu weitreichende Folgen haben können. Die positive Formulierung von der Freiheit der Individuen ist nur die andere Seite der Formulierung, dass jedes Individuum von genügend anderen Individuen umgeben ist, die ihm bei Bedarf auf die Finger klopfen und die Folgeschäden begrenzen. Der Liberalismus beschreibt, wie wir angesichts beschränkt rationalen Verhaltens der Individuen, die heute dieses und morgen jenes Bedürfnis zu befriedigen beziehungsweise, schlimmer noch, heute für dieses und morgen für jenes Bedürfnis vorzusorgen versuchen, sicherstellen können, dass es nicht zu katastrophalen Akkumulationen und Aggregationen von unerwünschten Effekten kommt. Der Liberalismus konzediert dem Individuum seine Aktionsmöglichkeiten mit begrenzter Reichweite und umgibt es mit genügend Nachbarn, die ausselegieren können, wenn Unerwünschtes passiert. Leider ist dies ein Gedanke, der nur so lange gilt, wie es nicht Organisationen gelingt, die Individuen daran zu hindern, fehlerverhindernd einzugreifen. Wer einen Fehler korrigieren könnte, wird sicherheitshalber schon vorher eingestellt. Und Fehler von Organisationen zu korrigieren, ist ein Unterfangen einer ganz anderen Größenordnung, wie man sowohl an Glasnost und Perestroika im Osten als auch am kapitalmarktgesteuerten Zerschlagen großer Unternehmenskonglomerate im Westen sehen konnte.

Das ist eine heidnische, eine kapitalistische Religion. Nichts Unsterbliches gilt.

In Amerika kann man sich seine unternehmerischen Weihen dadurch erwerben, dass man ein Unternehmen gegen die Wand fährt. In Deutschland gibt man jemandem, der einmal versagt hat, nie wieder eine Chance. Wir unterschätzen die Erfahrung von jemandem, der beide Seiten der Marktwirtschaft kennt, und glauben, der Erfolg stelle sich schon dadurch ein, dass man ihn will und den Mißerfolg nicht will. Warum lernen wir nichts aus dem Scheitern von Unternehmen? Warum nutzen wir die Erfahrungen der beteiligten Geschäftsführer, Mitarbeiter, Kreditgeber, Kunden und Lieferanten allenfalls indirekt und immer etwas verschämt? Seit dem 1. Januar 2001 gibt es in Deutschland eine novellierte Insolvenzordnung ...

... die Bankrotte regelt ...

... die Bankrotte, Insolvenzen und Konkursverfahren regelt. Diese Insolvenzordnung organisiert, etwas vereinfacht gesagt, den Tod von Organisationen. Gerichte und Gläubigerbanken haben eigene Abteilungen für das Abwickeln von Konkursen und beschäftigen Konkursverwalter, die die Spreu vom Weizen trennen, das zu rettende vom nicht mehr zu rettenden Kapital trennen und die den Tod der Organisation herbeiführen, regeln und verschwinden lassen zugleich, indem er auf andere Organisationen verteilt wird, die unter Umständen einen kleinen Tod sterben müssen, indem sie auf Kredite und andere Ansprüche verzichten, dadurch aber ihr eigenes Überleben sichern. Der Konkursverwalter fungiert als Beerdigungsunternehmer, der sich finanziert, indem er den Tod in Organisationsverfahren überführt. Selbst die

Mitarbeiter können weiterbeschäftigt werden, wenn sie auf einen Teil ihrer Einkommenserwartungen verzichten, oder können durch Entgegenkommen zumindest ihren Sozialplan sicherstellen.

Wer zuletzt kommt, kommt zu spät.

Die Insolvenzordnung ist so gebaut, dass der Machtloseste zwar geschützt, aber zuletzt bedient wird. Nur so kann sichergestellt werden, dass derjenige, der die Macht hätte, das Verfahren zu kippen, nicht zuschauen muss, wie sich andere bedienen, und sich deswegen dem Verfahren entgegenstellt. Die Insolvenzordnung muss immer dann novelliert werden, wenn sich die institutionellen Machtgewichte in der Wirtschaft verschoben haben. So wird es ermöglicht, dass Organisationen sterben, indem sie in andere Organisationen überführt werden. Ein Beleg für das machtvolle, wenn man so will, biologische Prinzip der Autopoiesis, in dem nur die Fortsetzung, nicht das Ende gedacht werden kann.

Eine Fülle von Beutemachern, von Hyänen, räumt das Schlachtfeld auf und recycelt es in den Wirtschaftskreislauf. Man kann doch durch Konkurse reich werden?

Man kann durch einen Konkurs reich werden, wenn es gelingt, das eigene Vermögen zu sichern, indem man es den Gläubigern ermöglicht, ihre Ansprüche durchzusetzen. Und man kann natürlich auch durch das Zerschlagen von Organisationen reich werden, wenn es gelingt, stille Reserven zu heben und das Tafelsilber zu verscherbeln. Aber ist beides nicht etwas, was jede Organisation auch im Normalfall tun kann?

In dieser Hinsicht ist das wie der Regenwald in Brasilien.

Jede Organisation nutzt das Problem einer anderen Organisation aus, und wenn dies nur dadurch zu schaffen ist, dass diese Probleme zuallererst geschaffen werden. Eine Schule lebt von dem Problem, dass Eltern glauben, ihre Kinder müssten etwas lernen. Eine Kirche lebt von dem Problem, dass Gläubige etwas für ihr Seelenheil tun wollen, dafür jedoch zugleich institutionelle Entlastung suchen. Und sobald dies einmal gesichert ist, löst jede einzelne Schule ein Problem, das eine andere nicht löst, und jede Kirche ein Problem, an dem eine andere vorgeblich scheitert. So werden die Organisationen zu Parasiten an Organisationen.

Das Moralische wäre aus dem soziologischen und ökonomischen Blickwinkel nur eine Erscheinung unter anderen?

Ja natürlich, und dies zu beschreiben hat nichts mit Koketterie, Ironie oder gar Zynismus zu tun, sondern allenfalls damit, das Vorurteil vorzuführen, dass über Moral so nicht zu reden ist.

Wenn das moralische Gefühl, das Gefühl der Empörung, des Gefühl des thymos, des Zorns, praktiziert wird, würden sie es als Realität ja einrechnen.

Ich würde fragen, an welcher Stelle man sich dieser Gefühle schuldig zu sein glaubt und woran der Zorn mitrechnet.

Wenn ein Betrieb, in den man jeden Tag, als sei er das eigene Zuhause, hineinging, plötzlich abgesperrt ist und ich weiß genau, wer schuld ist, entsteht Zorn. Den können Sie ja anerkennen, da bräuchten Sie nicht von Moralität zu reden, sondern könnten den Zorn registrieren und verstehen?

Wenn ich davon ausgehe, dass jede Organisation die gefundene Antwort auf das Problem ihrer Unwahrscheinlichkeit und Entropie ist, kann ich sie auch als Form der Bewältigung des Problem des Todes beschreiben. Der Zorn beschreibt eine individuelle oder soziale Enttäuschung von Erwartungen, die man nicht zuletzt auch als Nutzen dessen ansah, der sie nun enttäuscht. Die Organisation ist vor dem Hintergrund einer soziologischen und systemtheoretischen Beschreibung kein Bestand mit Haus, Eingang, Portier, Mitarbeitern und Maschinen, sondern ein Ereignisfluss, in dem dauernd etwas getan werden muss, damit die Organisation weiterexistiert, und in den daher auch ständig Erwartungen, Hoffnungen und Beschwörungen, natürlich auch Irrtümer investiert werden.

Es muss etwas verkauft werden. Die Organisation ist verbunden mit allem, was sie voraussetzt.

In der Organisation geht wegen dieses dauernden Ereignisflusses niemand davon aus, dass die Organisation einmal sterben muss, es sei denn, die Ereignisse stellen sich immer seltener ein, es kommen kaum noch Kunden vorbei, die Kreditgeber werden sperrig, niemand bewirbt sich mehr um eine Einstellung, die Telefone stehen still und die Berater verlassen das Haus. Aber selbst dann werden in der Organisation noch Entscheidungen getroffen, geht es also irgendwie weiter. Jederzeit könnten neue Kunden auftreten, könnten Lieferanten mit neuen Ideen kommen, könnte eine einfachere Technik der Entlassung gefunden werden, die wieder etwas Luft schafft. Von Moment zu Moment könnte eine neue Lösung für ein altes Problem gefunden werden oder sich eine alte Lösung an einem neuen Problem bewähren. Das nennt man "Autopoiesis". Die Organisation ist das Produkt der eigenen Produkte, der Zweck ihrer Zwecke und das Mittel ihrer Mittel.

Eine Organisation ist insofern einem lebendigen Organismus zu vergleichen, obwohl man nicht sagen kann, dass sie ein Lebewesen ist?

Ja, und der Soziologe übersetzt das in die Gedankenfigur, dass die Reproduktion der Organisation zum einen unwahrscheinlich und zum anderen deswegen Gegenstand täglicher Bemühung und Sorge ist. Also rechnet sie implizit vielleicht doch mit der Möglichkeit des Todes und arbeitet deswegen so hartnäckig an der Selbstverständlichkeit ihres Überlebens?

Daraus zieht sie ihre Kraft.

Man ist als Soziologe in derselben Situation, in der Jean-Luc Godard als Regisseur ist: Man schaut sich, um den Film als Film zu verstehen, nicht mehr die Bilder, sondern die schwarzen Balken zwischen den Bildern an, die man auf der Leinwand nicht sieht. Und man fragt sich, wie der Film von Bild zu Bild springt, ohne die schwarzen Balken zu zeigen, die die Bilder voneinander trennen.

Insofern stimmt es, dass die Information eines Films in den Schnittstellen steckt, selber also unsichtbar ist. Das ist im Grunde Filmgeschichte. Und bei Organisationen ist dies das geheime Mittel ihres Überlebens, die Irritation, die Oszillation um ihr eigenes Ende, als wäre sie ein Lebewesen?

Es handelt sich um das, was Luhmann einmal die Frage Hegels nach der Form des Übergangs genannt hat. Wie kommen wir von einem Satz zum nächsten, war die Frage, die Jean-François Lyotard daraus gemacht hat. Es gibt ja hermeneutisch, dramaturgisch, rhetorisch und sonstwie geschulte Zuhörer, die sich nicht unsere Sätze anhören, sondern die kaum gemachten Pausen zwischen den Sätzen, die Auslassungen. Sie schauen in den Zwischenraum der Sätze – auch neben die Sätze, aber das ist ein anderes Thema. Mit Blick auf Organisationen bedeutet dies, zwischen die Entscheidungen zu schauen, die sie fällt und aus denen ihre Autopoiesis besteht: Wie gelingt es jeder einzelnen Entscheidungen, Bezug zu nehmen auf vorherige und nachherige Entscheidungen und dennoch mindestens den Unterschied zu machen, dass andere Entscheidungen auf sie Bezug nehmen? Wie organisiert die Organisation den Sprung von einer Entscheidung zur nächsten? Was nimmt sie mit, was lässt sie zurück? Welche Diskontinuitäten sichern ihre Kontinuität?

Wenn Sie an Münchhausen denken, ein deutscher Mythos, wie verhält der sich zum Spieler oder Krieger des 21. Jahrhunderts?

Ich würde vermuten, dass der Baron Münchhausen ein Spieler war, der an sich selbst vorführte, wie es einer Gesellschaft ergehen würde, die nur noch auf den eigenen Witz – "Witz" verstanden als Einfallskraft – angewiesen ist, um sich zu reproduzieren. Das ist eine Form der Aufklärung, die ohne Philosophen auskommt: das Jägerlatein einer Gesellschaft, die sich mit dem Gedanken anfreundet, ohne Gott auskommen zu müssen.

Münchhausen tritt aus dem Wahrscheinlichen heraus. Es geht nicht nur um Lügengeschichten, sondern um die Beherrschbarkeit des Unwahrscheinlichen. Der Ritt auf einer Kanonenkugel ins feindliche Lager, für Fallschirmtruppen ist das ja inzwischen möglich. Die Lügengeschichte ist eine ganz eigenartige Form, Beweglichkeit herzustellen.

Münchhausen als fünfter Affe? Es gibt diese fünften Affen ja in allen Gesellschaften; in den indianischen Gesellschaften zum Beispiel erzählt man sich unwahrscheinliche Geschichten über Kojoten und Schamanen; Derrida hat den fünften Affen in der amerikanischen Universität gespielt…

PrimeTime, RTL, 10. Februar 2001

Jacques Derrida

Systeme sind die Wand, gegen die wir spielen

Kluge: In Ihrem Buch Wozu Systeme? *sagen Sie, Systeme ordnen für einen Beobachter den Zusammenhang von Freiheit, Blindheit und Abhängigkeit.*

Baecker: An diesem Satz gleich zu Beginn des ersten Kapitels arbeitet der Rest des Buches sich ab. Ein System ist zunächst einmal eine Aufbauleistung: irgendetwas schafft es, einen Zusammenhang herzustellen.

So, wie man ein Grundstück abgrenzt?

So, wie man ein Grundstück abgrenzt oder eine Tonskala aufstellt. Der römische Arzt Galen sprach vom "System" der Pulsschläge, die den Organismus am Leben halten, eine bewundernswerte Leistung, die hoch unwahrscheinlich ist und trotzdem gelingt, ein kleines Wunder: Wie funktioniert das Herz, wie stimmen sich Blutkreislauf und Nervenkreislauf miteinander ab, wie kommt all dies zustande, wie kann es gelingen? – Die zweite dies ergänzende und neuere Beobachtung dazu ist, dass dieses "System" nur unter der Bedingung einer partiellen Blindheit zustandekommt. Ein Organismus, der sich reproduziert, eine Amöbe zum Beispiel, die durch ihr chemikalisches Milieu schwimmt, muss blind sein für sich selbst und für vieles andere, was in diesem Milieu passiert, weil sie nur nach Nahrung sucht und nur auf Nahrung reagiert und alles andere, den Fisch zum Beispiel, der vorbei kommt und sich auf Futter freut, übersieht und übersehen muss, weil sie darauf keine Rücksicht nehmen könnte. Wenn man diesen Gedanken auf soziale Systeme überträgt, sieht man, dass zum Beispiel die Familie ein hellwaches System für alle Fragen der Verhandlung von Liebe, von Zusammenhang, von Vertrauen, von Verlässlichkeit ist, dies jedoch nur sein kann, wenn sie an anderen Stellen blind ist, zum Beispiel blind für das Risiko, dass die eigenen Kinder keinen Beruf finden, der den Ansprüchen der Eltern gerecht wird. Dieses Risiko wird dauernd bearbeitet, aber in bestimmter Weise muss man für das Ausmaß, für die Unberechenbarkeit dieses Risikos blind sein, weil man nicht wüsste, was man familiär tun könnte, um es zu beherrschen. Dieser Zusammenhang von Reproduktionsfähigkeit auf der einen Seite und Blindheit auf der anderen Seite ist es, der mich interessiert.

Ich beschreibe Ihnen einmal eine Szene auf einem Bild. Da ist ein Lastwagenfahrer, der schon ein halbes Jahr als Blinder einen Lastwagen fährt, er möchte nicht arbeitslos sein, neben ihm sitzt ein neunjähriger Junge und sagt ihm, wo es lang geht. Das ist ein Vertrauensverhältnis. Wenn Sie mir diese Situation einmal nach Denken und nach Bewusstsein beschreiben?

In dieser Situation sind zwei Bewusstseinssysteme präsent, das des Jungen und das des Fahrers. Vielleicht kann man sagen, trotz dieser beiden voneinander unterschiedenen

Bewusstseinssysteme geht es um nur ein Denken, nämlich das der Integration des Fahrers und des kleinen Jungen...

...mit dem Straßenverkehr...

...mit dem Straßenverkehr. Wenn man dies soziologisch akzentuieren wollte, würde man sagen, dass das Verhalten im Straßenverkehr zugleich ein Wahrnehmungsverhalten und

„Blinde Liebe"

ein kommunikatives Verhalten ist. Kommunikativ kann sich auch ein Blinder verhalten. Wahrnehmend kann sich ein Blinder zumindest optisch nicht verhalten. Also muss er selektiv ergänzt werden, substituiert werden in seiner ausgefallenen Sehfähigkeit: durch ein anderes Bewusstseinssystem, das seinerseits die Kommunikation nutzt, um ihn mit den Wahrnehmungen zu versorgen, die ihm fehlen. Nun ist allerdings kognitionswissenschaftlich gesehen der Haken an der Geschichte, dass ein Bewusstseinssystem, das des kleinen Jungen, das Bewusstseinssystem eines anderen, das des Fahrers, nicht mit Wahrnehmungsinhalten versorgen kann. Der Lastwagenfahrer kann nicht sehen, was der Junge sieht, also muss der Junge seine Wahrnehmung in Kommunikation übersetzen, er muss sich auf ein träges, langsames, in puncto Wahrnehmung unzuverlässiges Medium verlassen. Und auch der Lastwagenfahrer muss sich auf Kommunikation verlassen und dennoch relativ schnell mit den ihm kommunizierten Wahrnehmungssachverhalten, den Wahrnehmungssachverhalten des Jungen, seinerseits kommunikativ, zum Beispiel nachfragend, und aktiv, also handelnd, umgehen können. Das geht nur durch eine hochgradige Abstimmung der Denkinhalte, sprich der Übersetzung zwischen den Bewusstseinen, den wahrgenommenen Sachverhalten und der Kommunizierbarkeit dieser wahrgenommenen Sachverhalte. Ohne diese Integration oder diese wechselseitige Verschränkung von Wahrnehmung durch Denken wäre diese Situation wohl nicht möglich.

Das Denken geschieht jetzt zum Beispiel über das Ohr. Wenn der Sohn einen Gefahrenmoment schildert, muss er das manchmal sehr schnell tun, er muss Rasanzen der Gefahr, sehr entfernter Gefahr, stimmlich unterscheidbar machen. Das wäre gewissermaßen das Unterscheidungsmerkmal. Das Denken geht jetzt mit anderen Organen vor sich...

Das Denken vollzieht sich in dem Moment, in dem der Lastwagenfahrer sich auf die ihm mitgeteilten Informationen des Jungen verläßt. Er wird jedoch nie darauf verzichten, darauf zu achten, wie ihm gesagt wird, was ihm gesagt wird. Er muss nicht nur rasch mitbekommen, was gesagt wird, sondern er muss Tonfälle, leichte Unsicherheiten – ist sich der Junge sicher, dass die Frau mit ihrem Kinderwagen auf dem Bürgersteig stehen bleibt und nicht etwa doch noch los geht – aus der Kommunikation mit heraushören. Der Lastwagenfahrer würde sich nie auf Informationen verlassen. Er verlässt sich nur auf seine Einschätzung der Information und dazu braucht er Denken, den Abgleich von Kommunikation mit Wahrnehmung.

Wenn Sie mal beschreiben, was in einem Mensch denkt.

Das kann ich als Soziologe nicht beschreiben.

Warum nicht?

Weil sich ein Soziologe immer nur über Kommunikation, über das Produzieren von Sinn durch Reden, durch Gerede äußern darf. Alles andere wäre eine Introspektion, die ich in einem einzigen Fall vornehmen kann, nämlich in meinem Fall, die aber in allen anderen Fällen bereits Erfindung von kommunizierbaren Sachverhalten ist, die mit dem, was tatsächlich im Kopf eines anderen oder im Leib eines anderen vorgeht, nichts zu tun hat.

Sie verwenden in Ihrem Buch die Denkfigur des Tetralemmas. Was ist das?

Ein Tetralemma ist eine Erweiterung der Figur des Dilemmas. Matthias Varga von Kibéd hat es aus der indischen Logik importiert und mit der Mathematik Spencer-Browns in einen Zusammenhang gebracht. Ein Dilemma bildet zwei einander widersprechende, vielleicht einander ergänzende – das muss man jedoch erst noch herausfinden – Positionen. Bei einem Tetralemma hingegen hat man es mit vier Positionen zu tun. "Ich halte mich für wichtig" – Position 1. "Ich halte mich für unwichtig" – Position 2. "Ich halte mich für wichtig und unwichtig" – Position 3. "Ich bin weder wichtig noch unwichtig" – Position 4. Und als fünfte Position wird das Tetralemma in der indischen Logik auch noch negiert: "all dies ist wichtig und nichts davon". Ein Tetralemma ist in diesem Beispiel das Durchdeklinieren des Ichs in meinem Wichtigkeits- oder Unwichtigkeitsbewusstsein in einem Satz, der dann ein System ausmacht.

Die Position 1 in dem Beispiel, das Sie in Ihrem Buch wählen, ist die Kommunikation.

Kommunikation ist das Beispiel, in dem ich das Tetralemma zur Veranschaulichung der Satzstruktur des Systems, um die es mir eigentlich geht, durchspiele. Grundsätzlich hätte ich es auch am Beispiel des Organismus oder des Bewusstseins oder eines physikalischen Systemzusammenhang durchspielen können. Da ich mich jedoch in der Soziologie besser auskenne, habe ich mich an das Beispiel der Kommunikation gehalten. Position 1 ist in diesem Fall: Die Kommunikation ist "System". Das System besteht aus Gerede. Die Leute bestätigen und kritisieren sich durch Gerede ihre wechselseitigen Situationswahrnehmungen und sind darin mehr oder weniger glücklich. Wenn in diesem Systemzusammenhang jemand auftaucht und sagt, nehmt ihr eigentlich gar nicht wahr, wie sehr euer Gerede schon wegen seiner Lautstärke die Leute stört, die am Nachbartisch sitzen, würde er die Position 2 beziehen, weil eine "Umweltrelation" des Systems mit ins Spiel kommt: Durch euer Gerede, das mag euch so gut gefallen, wie es will, produziert ihr akustischen Lärm, Rauschen, Störgeräusche für eine Umwelt; wollt ihr damit leben oder nicht? Die Leute, die am Tisch sitzen und sich unterhalten, antworten dann vielleicht: Dies ist ein Café, wir sitzen an einem Tisch, wir führen ein Gespräch, dazu braucht man eine bestimmte Lautstärke, die Leute am Nachbartisch müssen damit zurande kommen, dass wir uns unterhalten und entweder dableiben oder weggehen. Sie würden die System- und Umweltbezüge als einen einheitlichen Zusammenhang sehen können ...

Das wäre Position 3: "Intelligenz".

Intelligenz heißt, auf einen störenden Beobachter, der verlangt, man solle etwas leiser sein, so zu reagieren, dass man anerkennt, dass er Recht hat, und auf den Lärm, den man macht, zu achten beginnt ...

... man wird tatsächlich etwas leiser.

... man wird tatsächlich etwas leiser. Aber gleichzeitig können sich die Leute auf die Intelligenz der sozialen Einrichtung Café ...

... wieder eine Selbstvergewisserung ...

... verlassen und damit eine Umweltschleife, eine Kontextschleife mehr einbeziehen als die Reflexion auf die Teilnahme an einem Gespräch an einem Tisch. Das heißt, sie werden leiser, verlangen jedoch auch von ihren Tischnachbarn, einen bestimmten Lärmpegel zu akzeptieren, weil man sich schließlich in einem Café befindet.

Die vierte Schleife nennen Sie "Welt". Wie kommt die hinzu?

Die Gesprächsteilnehmer haben sich durchgesetzt, sind jedoch auch stiller geworden. Sie werden nachdenklich, sie reden nicht einfach weiter, sondern sie sagen sich, gerade ist etwas Interessantes passiert. Wir sind auf eine Umweltrelation hingewiesen worden und wir haben uns nur durch den Verweis auf den Cafékontext durchsetzen können. Was ist dies für eine Welt, in der dies alles möglich ist, das heißt in der wir unsere Systemoperationen realisieren können, aber auch über sie nachdenken können und sogar daraus etwas lernen können, dass wir sie durchsetzen können oder nicht. Diese Fragestellung richtet sich auf den Kontextzusammenhang des Kontextes und stellt so die Welt fest, in der man sich bewegt und verhält.

Der Satz vom nicht-ausgeschlossenen Dritten?

Ja, das ist ganz fundamental. Das Dritte ist eingeschlossen und zwar als die Grenze, die man ziehen muss: Ihr verhaltet euch ruhiger und wir reden auch ein bißchen leiser. Das ist eine Grenzziehung, eine akute, aktuelle, manchmal brutale

Operation, sie ist das ausgeschlossene Dritte, die Oszillation zwischen denen drinnen und denen draußen, die im System mit eingeschlossen werden muss, sonst käme es nicht zur Systembildung.

Und jetzt entwickeln Sie mithilfe der indischen Philosophie noch eine fünfte Position, die in die erste Position wiedereintritt.

Die fünfte Position betrifft möglicherweise eine Einsicht, die die Inder der hegelschen Dialektik voraus haben. Für den Fall des Kommunikationssystems interpretiere ich diese fünfte Position, indem ich frage, was passiert, wenn die Reflexion auf "Welt" stattgefunden hat und die Leute sich fragen, was es heißt, sich in einem Café zu bewegen und dort so reden zu können, wie man es für richtig hält. Sie setzen dann unter Umständen als Position 1 genau das Café, mit dem sie, ohne sich dessen bewusst gewesen zu sein, angefangen hatten. Hier wird nichts aufgehoben, nichts versöhnt, keine letzte Einheit gefunden, sondern unter Umständen einfach nur weitergemacht – oder auch das Café verlassen, weil man die Störung nicht akzeptiert.
Eine Zusatzfrage lautet dann, in welchem Medium wir uns über die Welt verständigen. Diese Zusatzfrage ist deswegen interessant, weil die Frage nach einem Medium darauf hinweist, dass man nicht die Welt insgesamt aussagt, sondern sich in seinen eigenen Begriffen, in seinen eigenen Kontexten bewegt und mit seinen eigenen Gesprächspartnern eine ganz bestimmte Version von Welt entwickelt. Das nenne ich Position 5.1: man stellt fest, dass man so oder so "Sinn" produziert und kann dann die Anschluss-Frage stellen, ob es auch die Möglichkeit gibt, NichtSinn oder Unsinn zu produzieren. Mit anderen Worten, man stellt fest, dass das Repertoire der Reflexion über die Welt durch die eigene Geschichte, durch das, was sich als Sinn bewährt hat, streng limitiert

ist, und beginnt sich zu fragen, ob es eine Möglichkeit gibt, den gegebenen Rahmen zu verlassen.
Diese radikale Frage wird verneint. Man kann durch Kommunikation keinen Unsinn produzieren, so sehr wir umgangssprachlich davon ausgehen, sagen zu können, dass jemand, den wir uns anhören, gerade Unsinn produziert. Für einen Systemtheoretiker ist das eine unmögliche Aussage, da bereits die Aussage, dort werde Unsinn produziert, Sinn aus dem Unsinn, nämlich "Unsinn", macht. Darauf spezialisieren sich die Künstler, die wach sind für die Wahrnehmung der Limitationen sozialer Situationen und nun nicht wie der Soziologe bereits mit der Beschreibung zufrieden sind, sondern herauszufinden versuchen, wie man die Rahmen stören, durcheinanderbringen kann, wie man Sätze sagen, auf der Bühne Gesten produzieren oder auch Musik komponieren kann, die die Leute dazu bringen zu sagen: Das haben wir noch nie gehört, das macht ja überhaupt keinen Sinn...

Der Tropfen unter dem heißen Stein. Das ist ja ein unsinniger Satz. Das würde aber in einem Gespräch an der Theke sehr gut ankommen. Das ist der Tropfen unter dem heißen Stein.

"Unter" dem heißen Stein?

Ja, es ginge um eine Wendung, um eine leichte Drehung. Jeder glaubt es zu verstehen, aber in dem Moment, in dem man es sich vorzustellen versucht, erweist es sich als ein gelungener Unsinn.

Und was würde passieren? Der Angesprochene würde den Sprecher dieses Satzes mit hochgezogenen Augenbrauen anschauen ...

... erfreut, etwas Drittes verstanden zu haben, was nicht geäußert wurde. Das heißt, Unsinn gegen Unsinn mit Sinn.

Daraus gibt es, wie die Dadaisten feststellen mussten, keinen Ausweg. Man kann noch so schönen Blödsinn produzieren, es handelt sich dann eben um schönen Blödsinn, sehr anschlussfähig.

Nehmen Sie mal Hamlet, wenn Sie mir den mal interpretieren aus diesem Gesichtspunkt.

Hamlet ist jemand, der frei, abhängig und blind zugleich ist. Sein System ist die Suche nach dem System, in dem er eine Rolle spielen kann.

Und wenn er nicht spielt, kann er nicht mehr handeln?

Wenn ich mich an Anselm Haverkamps Buch *Hamlet: Hypothek der Macht* halte, das die These aufstellt, Hamlet bewege sich in dem schwierigen Feld eines feindlich bedrohten Dänemark. Norweger, Schweden oder wer immer drohten mit der Übernahme des Landes Dänemark und Hamlet wusste um die Situation. Er wusste gleichzeitig, dass er nicht in der Lage war, darauf adäquat zu reagieren. Was tut er? Er reflektiert sich, er stellt seine hilflose Akteursrolle fest und er entwickelt ein eigenes System, auf das er sich beziehen kann und das es ihm erlaubt, die Blindheiten zu produzieren, die er braucht, weil er nicht wüsste, wie er mit dem, was er sehen würde, wenn er nicht blind wäre, umgehen würde. Er erfindet den Zweifel, er erfindet die Psychologie, er erfindet Liebesgeschichten, er erfindet vielleicht sogar die Vater/MutterGeschichte, die er dort als Modus der Selbstbeschäftigung entwickelt zwecks Erblindung gegenüber einem Umstand, auf den er nicht reagieren könnte, wenn er darauf reagieren müsste. Vielleicht wäre dies als soziologische Beobachtung ausarbeitbar. Man hat es mit einer Knotenbildung zu tun, mit einer wachen und scharfen Beobachtung in einer bestimmten Richtung, von der der externe Beobachter feststellt, dass diese wache Schärfe eine in diesem Fall ganz bestimmte Blindheit in einer anderen Richtung zugleich produziert und kompensiert, vielleicht sogar sublimiert. Immerhin wäre diese Interpretation nicht sehr fern von jener Freuds, der Hamlets Zögern dadurch erklärt, dass er sich ganz ödipal nicht eingestehen will, wie sehr der Vatermörder seine Zustimmung hat.

Ödipus. Worin besteht bei Ödipus die Blindheit? Ein Gefangener seiner Familiengeschichte...

Ödipus geht es darum, das System, das sich hinter seinem Rücken schließt, kennenzulernen. Er lernt es jedoch erst in dem Moment kennen, in dem er versucht, sich daraus zu befreien. Er stellt fest, dass es um eine alte Geschichte geht. Ödipus ist ein Beobachter, der versucht, dem System zu entgehen, das ihm zugeschrieben wird, und der gar nicht anders kann, als sich durch seine Befreiungsakte in das System zu verwickeln, das ihm bestimmt ist. Das funktioniert allerdings nur unter der Bedingung eines Theiresias, das heißt eines blinden, alles sehenden Beobachters, der die Zusammenhänge, in die sich jemand verstrickt, demjenigen offenlegt, der sich verstrickt, und damit die Vermeidungsaktionen hervorruft, die die Verstrickung garantieren. Wieder eine Knotenkonstellation, bei der man sich im Sinne der Poetik des Aristoteles fragt, erstens, welches Geschick gehört dazu, den Knoten zu binden, und zweitens, welches Geschick würde dazu gehören, ihn aufzulösen.

Sie sprechen von einer Oszillation, einer Mikrologie äußerster Unruhe, unterhalb der Dinge, die wir erleben. Diese Unruhe, die im unendlich kleinen Detail steckt, dass in jedem Moment eine kleine Katastrophe passieren kann, macht ja das Leben auf bestimmte Weise unwirklich, es sei denn, dass wir uns einen Boden schaffen. Nennen Sie diesen

Boden, diese Bodenbearbeitung der Seele und des Geistes "System"? Ist das richtig?

Mit der Bodenmetapher wäre ich vorsichtig. Heidegger sprach in *Sein und Zeit* über das Gerede als "verschließende Bodenlosigkeit". Heidegger hatte sich in den 1920er Jahren intensiv mit Systemtheorie beschäftigt, damals mit den Schriften Jakob Johann von Uexkülls. Was er damals als "Gerede" beschrieb, würde man heute als "Kommunikation" bezeichnen. Das Interessante an diesem Gerede, an dieser Kommunikation, die ein System schafft, ist, dass der Boden gar nicht in Frage steht, allerdings auch gar kein Boden vorhanden ist, sondern sich alle Beteiligten wohl fühlen bei dem, worüber sie reden und wie sie reden und mit wem sie reden. Dieses Gerede verschließt, dichtet ab und reproduziert.

Dieses Gerede oder Geschwätz, auf dem Schulhof, in der Familie als lebenslänglich liebevolles Reden, ist sozusagen ein Kokon.

Die Leute spinnen sich darin ein, sie bestätigen sich wechselseitig ihre Realitätswahrnehmungen, die dadurch auch hinreichend Wirklichkeit bekommen, um sich auf sie verlassen zu können. Ich meine, Ich habe ja keine andere Wirklichkeit als Ihre Bestätigung meiner Wahrnehmung unserer Wirklichkeit, vielleicht abgesehen von dem Gefühl, mit den Füßen auf diesem Boden zu stehen, von dem ich nicht weiß, wie lange er trägt. Ich meine, die tatsächliche Wirklichkeit ist unser Gespräch, unsere Fähigkeit, uns zu unterhalten.

Und je gefährlicher eine Welt wird, bei Bombenangriffen, in der Krise, bei Verkehrskatastrophen, bei Unglücken, um so mehr nimmt dieses Sprechen zu.

Ein Beispiel dafür ist die Erfindung der Gruppendynamik gegen Ende des Zweiten Weltkriegs. Die Amerikaner haben die Gruppendynamik erfunden, beziehungsweise sie erstmals gezielt eingesetzt, als sie entdeckt hatten, dass die Bomberpiloten, wenn sie aus ihren Einsätzen zurückkommen und mit den Tonnen von Bomben, die sie abgeworfen haben, in ihrem Gewissen nicht fertig werden, nicht einer psychoanalytischen Einzelbehandlung, einer Gesprächstherapie von zwei bis drei Jahren unterzogen werden können. Statt dessen wurden sie mit anderen Piloten, die ähnliche oder vergleichbare Erfahrungen gemacht haben, zusammengesetzt, es wurde eine halbe Stunde miteinander gesprochen, das heißt eine Gruppentherapie durchgeführt, und danach waren sie wieder einsatzfähig. Darauf kam es ja an. Es geht nicht darum zu heilen, sondern darum, wieder einsatzfähig zu machen. Kommunikation ist eine therapeutische Vokabel.

Und was geschieht da? Wenn Sie mir mal diesen Begriff beschreiben, den Sie Kommunikation nennen?

Kommunikation besteht darin, Entwürfe auszuprobieren, von denen man nicht weiß, ob sie tragen. Die Bestätigung oder die Ablehnung durch den anderen definiert die Verhaltensmöglichkeiten, die darüber entscheiden, ob man weitermacht oder nicht. Dies gilt in gleicher Weise, wenn Sie es mit einer Investitionsrechnung zu tun haben, eine Wirtschaftsprüfung durchführen, einen Schüler in einer Klassenarbeit prüfen oder in der Familie herausfinden wollen, ob Sie sich nach wie vor auf dem gewohnten Terrain einer hinreichend verlässlichen Liebe bewegen.

Das ist wie Ballspiel, wie Squash, ein Probierverhalten, das wäre eine menschliche Eigenschaft: das Tasten, das Echolot …

Das ist unsere Möglichkeit, uns in Situationen zu verhalten, in der immer mehr Leute vorkommen als nur wir allein.

Ohne Wirklichkeit?

Wir sind, seit wir aufwachsen, seit uns unsere Mutter anspricht, von Indizierungsaufforderungen umgeben, das heißt von Aufforderungen, dem, was man gerade sieht, fühlt, denkt, will, möchte, einen Index zu geben.

Einen Namen?

Nein, einen Index. Ein Index bezieht sich auf die Frage, ob man etwas damit machen kann oder nicht, ob es erreichbar ist oder nicht, ob man dagegen etwas tun kann oder nicht, ob man darauf angewiesen ist oder nicht.

Heiß/kalt zum Beispiel wäre ein Index?

Ja, oder oben/unten, vorne/hinten, das Gegenüber/die eigene Person. Das sind Indizierungen, die mir sagen, wie ich mit den Eindrücken, die ich produziere, anschließend umgehe, sei es für mich, sei es für einen Gesprächspartner, sei es für jemanden, den ich noch gewinnen möchte. Diese Indizierung ist das, was wir im Umgangssprachlichen "Wirklichkeit" nennen. Die Wirklichkeit ist in den Augen eines Systemtheoretikers nicht etwas, was wir greifen können, sondern die Form der Indizes, mit denen wir unsere eigenen Vorstellungen bearbeiten.

Mitternachtsmagazin, Vox, 15. März 2002

Was wissen die Bilder?

Kluge: Was interessiert Sie am Nichtwissen?

Baecker: Die Fähigkeit zum Nichtwissen scheint bei vielen Leuten Bedingung für Intelligenz zu sein. Ein Manager, der mit einem Mitarbeiter spricht und von vornherein weiß, zu welchem Verhalten er ihn anweisen will, wird nicht in der Lage sein, zu managen, weil er den Mitarbeiter und dessen Wahrnehmung der Situation nicht zu Wort kommen lässt. Er muss mit einem Nichtwissen in die Situation hineingehen und seine Einschätzung der Situation mit der Einschätzung derselben Situation durch den Mitarbeiter abgleichen, sonst bleibt ihre Interaktion steril. Ein Arzt, der sich an ein Krankenbett stellt und dem Patienten signalisiert, er wüsste bereits, was ihm fehlt, wird dem Patienten nicht helfen können, weil er nichts über ihn erfährt. Er muss ein bestimmtes Ausmaß an Nichtwissen zumindest simulieren, muss ihn befragen, muss ihm Gelegenheit geben, eigene Einschätzungen zu formulieren und in der Art und Weise der Formulierung dieser Einschätzungen bereits Teile des Problems zu erkennen geben. Das sind zwei für mich paradigmatische Situationen, die darauf hinweisen, dass Intelligenz ebensoviel mit Nichtwissen wie mit Wissen zu tun hat.

In Ihren Arbeiten wie schon bei Luhmann finde ich einen Satz, der mich immer wieder verblüfft: Psychische Systeme können nicht kommunizieren, sondern nur denken, sich etwas vorstellen und wahrnehmen. Und soziale Systeme können nicht wahrnehmen, sondern nur kommunizieren. Wenn Sie mir das mal erläutern.

Das ist eine der wichtigsten Grundentscheidungen innerhalb der soziologischen Systemtheorie, die etwas mit deren kognitionswissenschaftlichen Hintergründen und Absichten zu tun hat. Im Anschluss an neurophysiologische Einsichten, also gewonnen, wenn Sie so wollen, am unwahrscheinlichsten Fall, dem Gehirn, geht diese Theorie von der operationalen Geschlossenheit der Systeme aus, die sie beschreibt. Soziale Systeme sind geschlossen; sie reproduzieren sich mithilfe von Kommunikation und können die Kommunikation, die sie dazu brauchen, nur selber produzieren, also nicht aus der Umwelt einführen; ebensowenig können sie in die Umwelt hineinkommunizieren. Und auch psychische Systeme, die Bewusstseine, sind operational geschlossen; sie reproduzieren sich mithilfe von Wahrnehmungen und Vorstellungen, die sie selber produzieren müssen, also nicht aus der Umwelt einführen können.

Diese Theorieposition hat einige dramatische Konsequenzen. Sprache zum Beispiel ist ein sozialer Sachverhalt, entwickelt von der Kommunikation für die Kommunikation, und keine Operation des Bewusstseins. Husserl, der dies bereits zu bedenken versucht hat, sprach deswegen vom "einsamen Seelenleben" des Bewusstseins. Unser Reden ist etwas anderes als unser Denken. Die Vorstellung, unser Bewusstsein würde sich einen Satz ausdenken und diesen dann aussprechen, mag in alltäglichen Situationen hilfreich sein, funktioniert aber nur, weil wir den Prozess, in dem unsere Wahrnehmungen zustandekommen, ebenso wenig wahrnehmen wie den Prozess, in dem eine Kommunikation zustandekommt. Wir können die Sprache, der wir kommunikativ ausgesetzt sind, aufgreifen, um mit ihrer Hilfe Struktur in unser Denken zu bekommen, aber damit importieren wir Formen der Kommunikation, die dem Bewusstsein grundsätzlich fremd sind. Umgekehrt jedoch bedeutet dies, dass unsere Bewusstseinsleistungen, unsere Wahrnehmungen, also unser Riechen, Schmecken, Hören, Sehen und Tasten, mithilfe unseres Körpers in unserem Bewusstsein und nur dort zustandekommen. All dies ist der Kommunikation unzugänglich, die schon deswegen auf Bewusstsein in ihrer Umwelt angewiesen bleibt (und von Computern träumt, um vielleicht etwas unabhängiger zu werden). Das soziale System der Kommunikation hat keine Ohren, keine Augen, keinen Tastsinn. Es kann nur kommunizieren.

Ich kann meinen Schmerz im Grunde genommen niemandem mitteilen?

Sie können nur darüber reden, dass Sie Schmerzen haben. Sie können Schmerzen zeigen, müssen dazu jedoch auf ein kulturell sehr fein geregeltes Ausdrucksrepertoire zurückgreifen.

Ich kann den Verdacht erregen, ich sei Hypochonder, ich bilde mir meine Schmerzen nur ein. Aber der Schmerz ist nicht kommunizierbar.

In einer Situation des Misstrauens muss ich den Arzt fragen, ob meine Ehefrau die von ihr behaupteten Schmerzen tatsächlich haben kann.

Das kann man sich gar nicht genug vorstellen. Insofern ist ein psychisches System wie eine Monade gebaut, blind nach außen und kann nur sich selbst verstehen. Mit sich selbst kann ein psychisches System reden?

Das Bewusstsein kann eine Kommunikation mit sich selbst simulieren, weil es ja über Kommunikation qua Wahrnehmung informiert ist. Ich kann mich ansprechen, mir etwas zurufen, mich auffordern innezuhalten oder weiterzumachen. Aber das sind dann jeweils nur Momente einer Kommunikation simulierenden Distinktheit, die sich schnell wieder in die Einheit des für sich authentischen Bewusstseins auflösen.

Was nennen Sie ein psychisches System? Das ist nicht nur die Seele, sondern auch das, was die Körperhaut umfaßt und noch einiges unmittelbar außerhalb der Haut?

Das psychische System ist das System, über das der Psychologe glaubt, etwas sagen zu können. Der Soziologe kann sich darüber nur wundern, denn er sieht den Psychologen eine Sprache entwickeln, in der er behauptet, etwas über psychische Sachverhalte aussagen zu können, die nicht sprachlich verfasst sind und auch nicht mitreden, um sich mit ihrer Beschreibung einverstanden zu erklären, sie abzulehnen oder vielleicht zu modifizieren. Er konzediert dem Psychologen im Konzert der Wissenschaften, dass dieser weiß, was er tut. Der Soziologe hat jedoch nur in einem einzigen Fall Zugang zu einem Bewusstsein, nämlich in seinem eigenen. In diesem Fall sieht er das Scheitern, das Nichtverstandenwerden der Sätze und hat keinen Grund, in anderen Fällen wundersamerweise mehr Verständnis annehmen zu müssen. Er geht von der Differenz zwischen Kommunikation und Bewusstsein aus und beobachtet dann zum Beispiel Dichter, die über nichtkommunizierbare Gefühle der Liebe, des Schreckens, der Todessehnsucht poetische Aussagen treffen und so deren Nichtkommunizierbarkeit – und damit doch irgendwie diese Gefühle? – kommunizieren.

Berichte über etwas, das misslingt.

Es kann durchaus auch etwas Gelingendes sein, der Moment einer erwiderten Liebe, von der ich jedoch weiß, dass ich eine poetische Formel brauche, um sie auszudrücken, weil ich andernfalls die Differenz meines Bewusstseins, die ja hier die eigentliche Botschaft ist (selbst wenn es um Einverständnis geht), nicht mitkommunizieren könnte. Ich teile dir mit, dass ich dir nicht mitteilen kann, was ich dir mitteilen möchte: Kommunikation des Nichtkommunizierbaren, für die man vielfache, das Problem offenlegende, fruchtbar machende und zugleich wieder verbergende Umwege braucht.

Die psychischen Ereignisse im Bewusstsein Rilkes, Goethes oder Kafkas sind nicht identisch mit dem, was sie sprachlich schreiben und was wir jetzt lesen?

So würde ich sagen. Und genau das kann man lesen und als lesendes Bewusstsein genießen.

Sie können ihre Vorstellungen wahrnehmen und als Texte mitteilen, so weit immerhin reicht es?

Ja.

Und jetzt, warum sagen Sie, dass soziale Systeme nicht wahrnehmen können?

Es fehlen ihnen dazu die passenden Organe, also jene Nervenenden, mit deren Hilfe ein Bewusstsein sich seine Vorstellungen fabriziert. Soziale Systeme können nur Gerede an Gerede anschließen, was nicht minder wirklich ist.

Also wir, das Volk, können nicht sehen?

Das "Volk" ist einer jener wunderbaren Konfusionsbegriffe, in denen Körperlichkeit, Bewusstseinszustände und soziale Zustände in eins gefasst werden. Ein solcher Begriff verzichtet auf die scharfen Unterscheidungen von Systemreferenzen, zu denen die neuere Systemtheorie auffordert, und kommt damit in die bekannten Bredouillen verschiedener Ideologien.

Wenn die 6. Armee nach Stalingrad vordringt, müsste man dann eigentlich davon sprechen, dass die 6. Armee nichts sieht, auch nichts spürt, im technischen Sinne auch nicht marschiert, sondern es sich um einzelne Soldaten handelt, die etwas sehen und spüren und die marschieren?

Das soziale System marschiert nicht.

Dennoch hat es als soziales System seine Wirklichkeit, denn solange es ein soziales System ist, kann es allmählich und verzweifelt zusammenbrechen und nach einem Ausweg suchen. Es ist ein Sammelsurium von Dingen, Vorschriften, vorangegangenem Tun und gegenwärtigem Tun, das aber in hohem Maße befähigt ist und Blitzkriege gewinnt, die kein Einzelner gewinnen kann?

Das soziale System ist darauf angewiesen, dass die Körper und Bewusstseine mitmachen und vielfältige Initiative zeigen. Es muss aber auch zur Kenntnis nehmen, dass einzelne Bewusstseine den Sinn des Ganzen an bestimmten Stellen nicht mehr einsehen und muss dann versuchen, irritierende Kommunikation zu lancieren, die zum Beispiel darauf hinauslaufen zu sagen, dass der Punkt erreicht sei, an dem man sich nur noch dem Feind ergeben könne.

Deswegen Kommunikation? Ich muss drei Mal am Tag an der Goulaschkanone Nahrung zu mir nehmen, nicht weil die Nahrung mein körperliches Überleben sichert, sondern weil ich kommunizieren muss?

Damit Information ausgetauscht wird.

Weil ich darüber reden muss. Ohne Gerede kein Krieg. Ohne Wartezeiten kein Krieg.

Der italienische Organisationssoziologe Giovan Francesco Lanzara hat das in einem Aufsatz über "ephemeral organizations in extreme environments" (Journal of Management Studies Bd. 20, 1983) am Beispiel der Erdbebenhilfe in Süditalien beschrieben und Luhmann hat das sehr begeistert aufgegriffen: Die erste Hilfsmaßnahme, die ergriffen wird, ist die Einrichtung einer Kaffeebude. Warum? Weil man damit den Ort hat, an dem die erforderlichen Informationen ausgetauscht werden können. Das Auftauchen der Armee, von der

Regierung geschickt, bleibt ohne Wirkung. Erst die Kaffeebude erlaubt es, die Hilfsmaßnahmen zu koordinieren. Ein schönes Beispiel für die subtilen und jeweils hochgradig lokalen Möglichkeiten, Selbstorganisation zu stimulieren.

So rettet man ein soziales System?

Wobei der Mann, der seinen Espressostand aufbaut, angesichts der vielen potentiellen Kunden womöglich nur an sein Geschäft denkt.

Er stellte wieder Selbstbewusstsein her?

Im eigenen Interesse und ohne es zu wissen, ja.

Bei Godard, Einführung in eine wahre Geschichte des Kinos, *heißt es, Sie verweisen darauf, dass "die Form denkt". Er bezieht das auf Bilder und spricht ihnen, wie kleinen Automaten, ein Eigenleben zu, eine Autonomie.*

Mir ging es hier um die Frage, was die Bilder wissen. Was wissen die Bilder über das nächste Bild, was weiß jede einzelne Einstellung eines Films über die nächste Einstellung, die nur möglich ist, wenn zuvor dies oder jenes gezeigt worden ist? Godard ist ein scharfer Denker, im präzisen Sinne des Wortes, der bei jedem Bild, das er aufnimmt, fragt, welches Bild wohl als nächstes erwartet wird und wie er eine Bildsequenz fabrizieren kann, die diese Erwartung strapaziert und eine neue an ihre Stelle treten lässt, für die unter Umständen dasselbe gilt. "Die Form denkt", heißt hier, dass die Form, die sich ja nur bilderübergreifend einstellt, einen Zusammenhang herstellt, der aus der Trennung der Bilder, aus ihrer Herauslösung aus dem Zusammenhang, entsteht.

Man weiß, dass Godard dies einerseits bewusst tut, andererseits aleatorisch, würfelnd. Er probiert etwas aus, akzeptiert jedoch auch Willkür. Er stellt unvereinbare Bilder neben-

einander in der Hoffnung, dass aus der Lücke zwischen ihnen Sinn entsteht.

Ich stelle mir vor, dass Godard und andere, die ähnlich vorgehen, immer etwas erschrecken, wenn sie feststellen, dass es kaum eine Möglichkeit gibt, wirklich Unvereinbares nebeneinander zu stellen. Kaum steht es nebeneinander, ist es bereits miteinander vereinbar.

Weil man alle Bilder schon einmal gesehen hat, weil es einen festen Vorrat an Bildern gibt, von denen wir ausgehen, weil es nichts Neues im Film zu photographieren gibt, meinen Sie das so?

Wenn ich versuche, von einem Bild zum nächsten zu springen, halte ich entweder beim Gedanken inne, wie schön oder gelungen das gerade gefundene Bild ist, oder stelle mir tausend andere Bilder vor, zu denen ich jetzt springen könnte. Und dennoch ist das nächste Bild ein bestimmtes Bild und keines von den neunhundertneunundneunzig anderen. Jedes Bild zitiert ein anderes Bild, das sich gleich als nächstes Bild durchsetzt, weil es sich gleichsam fordert: Nun zeige aber auch, dass aus Blau Grün werden kann, dass eine schöne Frau auch traurig sein kann, dass eine schnelle Bewegung zur Ruhe kommen kann und so weiter. So steht jedes Bild mit jedem anderem trotz und wegen der Überfülle an Möglichkeiten in einem gewissen Zitations als Forderungszusammenhang.

Können Sie mir eine Szene beschreiben, die auf Sie in einem Film einmal einen starken Eindruck gemacht hat?

Im Film "The Night of the Hunter" von Charles Laughton aus dem Jahr 1955 spielt Robert Mitchum einen bösen Prediger, der zwei Kindern Angst macht, indem er auf bedrohliche Art und Weise ein Kinderlied singend an einem Gartenzaun entlang reitet. Das wird scherenschnittartig gezeigt. Die Kinder im Haus beobachten ihn und fürchten sich. Für mich ist das ein Bild oder besser eine Szene, die ganz und gar für sich stehen könnte. Diese Szene ist der Film, hier wird (vielleicht höchst anspielungsreich) nichts zitiert, man braucht den restlichen Teil des Films nicht, obwohl es in ihm noch wunderbare andere Szenen gibt.

Was berührt dieses Bild in Ihnen?

Wenn ich das wüsste, wäre die Faszination vielleicht schon nicht mehr da. Es hat etwas mit der Relation von Figur und Hintergrund zu tun. Robert Mitchum agiert im Hintergrund, die Kinder ebenfalls, im Vordergrund gibt es nur das Lied.

Also nicht ein Bild?

Ein akustischer Eindruck, der Vordergrund und Hintergrund verbindet und Unvereinbares überbrückt. Ein Kinderlied, hintergründig gesungen.

Bilder sind unter Umständen gar nicht Bilder?

Bildern eignet etwas Synästhetisches, sie bringen sinnliche Eindrücke verschiedener Art zusammen, taktile, optische und akustische, einen Geschmack und einen Geruch. Vielleicht gibt es sogar Bilder, die besonders gut riechen…

PrimeTime, RTL, 14. Juli 2002

INTERNATIONALER MERVE DISKURS

153 Deleuze, Kants kritische Philosophie
154 Seitter, Versprechen, versagen
155 Acker, Ultra light-last minute-ex+pop-literatur
157 Von der Bürokratie zur Telekratie. Weibel, Virilio, Flusser u.a.
158 Wiener, Probleme der Künstlichen Intelligenz
159 Platz machen, Hg. A. Brandolini und „steirischer herbst"
160 Prigogine/Stengers/Pahaut/Serres, Anfänge
161 Zizek, Liebe Dein Symptom wie Dich selbst!
162 Ruhm? Eine Le Monde-Umfrage
163 Lotringer, Foreign Agent. Kunst in den Zeiten der Theorie
165 Virilio, „Das irreale Monument". Der Einstein-Turm
166 Deleuze, Woran erkennt man den Strukturalismus?
167 Foucault, Was ist Kritik?
168 Bonito Oliva, Eingebildete Dialoge
169 Baudrillard, Transparenz des Bäsen
170 Deleuze, Proust und die Zeichen
171 Haerle (Hg.), Karten zu „Tausend Plateaus"
172 Schickel, Gespräche mit Carl Schmitt
173 Seitter, Piero della Francesca
174 Glasmeier (Hg.), Periphere Museen
175 Zischler, Tagesreisen
176 Böhringer, Orgel und Container
177 Virilio, Revolutionen der Geschwindigkeit
178 Böhringer, Was ist Philosophie?
179 Seitter, Distante Siegfried-Paraphrasen
180 v. Foerster, KybernEthik
181 Jabès, Der vorbestimmte Weg
182 Deleuze, Bartleby oder die Formel
183 Rosset, Das Prinzip Grausamkeit
184 Baudrillard, Die Illusion des Endes
185 Dirk Baecker, Postheroisches Management
186 Charles, Musketaquid. Cage, Ives u.a.
187 Schliemann, Reise durch China u.Japan 1865
188 Grenier, Über Indien
189 Schmidgen (hg.), F. Guattari.Ästhetik u. Maschinismus
190 O'Doherty, In der weißen Zelle
191 You can't judge a book by its cover (CD)
192 Jarman, Chroma. Ein Buch der Farben
193 Klugheitslehre: militia contra malicia
194 Jabès/Nono/Cacciari, Migranten
195 Guattari/Virilio/u.a., Takamatsu ein Architekt aus Kyoto
196 Gilbert-Rolfe, Das Schäne und Erhabene von heute
197 Foucault, Diskurs und Wahrheit
198 Deleuze, Lust und Begehren
199 Baudrillard/Guillaume, Reise zu einem anderen Stern
200 Gracian, Der Held
201 Garland, Reise zu 100 Tempeln
202 Derrida, Einige Statements
203 Buci-Glucksmann, Der kartographische Blick der Kunst